国家社会科学基金青年项目阶段性研

缩小基本公共服务城乡区域差距的财政政策研究

李雅丽 ◎ 著

中国财经出版传媒集团

经济科学出版社
Economic Science Press

图书在版编目（CIP）数据

缩小基本公共服务城乡区域差距的财政政策研究 /
李雅丽著 . --北京：经济科学出版社，2023.10
ISBN 978 - 7 - 5218 - 5243 - 1

Ⅰ.①缩…　Ⅱ.①李…　Ⅲ.①公共服务-财政政策-
研究-中国　Ⅳ.①D669.3

中国国家版本馆 CIP 数据核字（2023）第 192532 号

责任编辑：顾瑞兰　许洪川
责任校对：靳玉环
责任印制：邱　天

缩小基本公共服务城乡区域差距的财政政策研究

李雅丽　著

经济科学出版社出版、发行　新华书店经销
社址：北京市海淀区阜成路甲 28 号　邮编：100142
总编部电话：010-88191217　发行部电话：010-88191522
网址：www. esp. com. cn
电子邮箱：esp@ esp. com. cn
天猫网店：经济科学出版社旗舰店
网址：http://jjkxcbs. tmall. com
固安华明印业有限公司印装
880×1230　32 开　7.375 印张　180000 字
2023 年 10 月第 1 版　2023 年 10 月第 1 次印刷
ISBN 978 - 7 - 5218 - 5243 - 1　定价：59.00 元

前　言

改革开放40余年来，我国在政治、经济、文化、社会等各领域都进行了卓越的探索，取得了举世瞩目的成就，但在经济快速发展的进程中也存在若干尚未妥善解决的社会问题，因此，进一步将改革发展的巨大成果惠及全体人民，通过缩小基本公共服务差距，公平、正义且有效地保障社会公民的社会福利便成了当务之急。相较于我国经济高速增长，城乡区域平衡的问题显得尤为突出，如何有效缩小城乡区域间的差距在学术界和实践中都是一项重要的课题。探索和解决基本公共服务在城乡区域层面的差距问题能有效推动以教育、医疗卫生、文化服务、社会保障、环境、基础设施等基本公共服务领域为重点的社会发展建设，还能切实保障人民对生存与多样化发展需求，促进社会整体福利水平的提升。当前，基本公共服务的建设与发展不仅是全国国民经济与社会发展中公共事业的目标要求，也是全面建设服务型政府的内在要求。然而，我国基本公共服务在城乡间与区域间仍存在发展不平衡不充分、质量参差不齐、服务水平与经济社会发展不适应等问题。实现基本公共服务均等化必定是一个长期的、动态的过程。为此，本书从理论与实证的角度，从城乡区域两个维度探究基本公共服务差距问题。通过对缩小基本公共服务城乡区域差距的实证研究，增强理论研究与现实之间的契合度，能有效正视省与省间、城乡间以及区域间供给规模、质量与发展趋势等方面的差距，有利于实现基本公共服务供给在城乡区域间的均衡发展、缓解和消除当前社会矛盾、构建和谐社会。

本书研究主旨是在客观评价研究期间内，以城乡区域为研究对象，从理论角度深入探析影响基本公共服务城乡区域差距的财政机制，分析我国基本公共服务供给水平在城乡间、区域间的差异及收敛情况，构建基本公共服务评价体系对基本公共服务城乡区域差距进行测度，以双对象实证分析差距形成原因及影响程度，在此基础上提出缩小基本公共服务城乡区域差距的双目标的系统性财政对策与建议。

首先，阐明基本公共服务城乡区域差距问题研究的现实背景和研究意义。搜集和整理基本公共服务城乡区域差距相关的国内外研究成果，分别从基本公共服务理论、供给的影响因素、供给机制的评价以及城乡区域差距问题与成因等几个方面展开，在此基础上进行文献述评，提出有可能进行深入研究的切入点。

其次，围绕基本公共服务城乡区域差距问题构建一个全面的理论阐释与作用机理。通过对其研究紧密相关的内涵以及外延进行界定，重点分析我国基本公共服务城乡区域差距的生成机制；通过财政体制与基本公共服务城乡区域差距的机制分析，并根据城乡区域的个性特征，通过城乡二元体、区域禀赋差距的视角分别对基本公共服务城乡差距与基本公共服务区域差距间的机制分析，构建基本公共服务城乡区域差距形成的原理；通过对基本公共服务供给中财政作用的理论基础进行梳理与阐述，从社会公正论、福利经济学理论以及新公共服务演变的三大理论对基本公共服务供给中财政作用产生的天然逻辑、根本目的与实现的客观机制进行理论阐释；分析财政分权机制、财政自给能力以及转移支付三大财政因素的财政机理对基本公共服务城乡区域差距产生的作用。

再次，对基本公共服务城乡区域差距及收敛性进行分析。其中，按照城乡、区域的目标属性与实际数据的可获得性就全国 31 省份 2011 ~ 2018 年、30 省份 2015 ~ 2018 年，分别设定 41 个、27 个具体指标，以构建基本公共服务城乡指标体系、区域基本公共服务评价指标体系。进一步通过变异系数与熵值法对我国基本公共服务城乡区域差距分别进行测度，衡量城乡区域基本公共服务供给水平差距以及基本公共服务城乡区域差距指数，同时运用 ArcGIS 10.2 软件对指数进行时空动态展示。通过运用面板数据进行 β 一般收敛与空间收敛分析，其收敛性检验表明：从整体上，基本公共服务城乡区域差距的收敛系数均为负值，统计指标都显著，说明我国基本公共服务城乡区域差距存在明显的绝对收敛趋势。通过对基本公共服务区域差距进行俱乐部收敛检验，结果说明东部、中部、西部地区的基本公共服务差距水平均呈现不断缩小的收敛态势，且基本公共服务区域差距较大的中部、西部地区的收敛速度要快于区域差距较小的东部地区，并最终趋向于均等的水平。

然后，对基本公共服务城乡区域差距问题进行实证研究。第一，对缩小基本公共服务城乡差距的财政政策效应分别运用基础与拓展模型进行实证分析。基础分析选取财政体制、经济层面和社会层面三个维度的影响因素对我国基本公共服务城乡差距形成的因素进行空间实证分析；拓展分析为公共品需求收入弹性与财政转移支付对我国城乡间的基本公共服务供给影响进行实证研究。
通过选取 2014 年、2016 年、2018 年中国家庭追踪调查面板数据对
我国 28 个省份 5754 户农村家庭的减贫效应进行实证分析，运用
Logit 分层法动态分析政府财政转移支付对缩小城乡经济差距的影
响方向与作用力度。基础分析实证结论表明：我国城乡间基本公
共服务供给水平存在显著空间自相关，并呈现出显著的空间溢出
态势。通过空间面板回归最优筛选与实证分析，得出城乡经济差
距、人均中央净补助对缩小基本公共服务城乡差距效应具有显著
的积极影响，其中城乡经济差距带来的边际贡献最大，而财政支
出分权度、人均财政支出以及财政自给率对其有显著的负向影响。
通过空间系数检验，得出我国基本公共服务城乡差距指数的被解
释变量的空间滞后系数显著为负，说明我国基本公共服务城乡差
距水平存在一定的空间相关性。拓展分析实证结论表明：公共转
移支付对农村家庭不论处于多维贫困还是收入贫困状态均有显著
的减贫效应，对改善长期多维贫困模型的效应较长期收入贫困模
型更显著。另外，还测算了三个考察年度农村家庭对教育和健康
两类公共品的需求收入弹性，并检验了在家庭对教育和健康需求
提升条件下，公共转移支付是否对改善我国家庭长期贫困状态具
有加强效应。进一步实证结果表明，每单位家庭获得公共转移支
付对改善其长期多维贫困与长期收入贫困的效应是显著的，且要
大于未考虑公共品需求收入弹性下的效应。第二，对缩小基本公
共服务区域差距的财政政策效应分别运用基础与拓展模型进行实
证分析。基础分析选取财政体制、经济层面和社会层面三个维度
的影响因素对我国基本公共服务区域差距形成的因素进行空间实
证分析；拓展分析运用动态空间模型比较研究地方政府行为偏好

对我国不同区域间基本公共服务供给的影响。基础分析实证结论表明：我国区域间基本公共服务供给水平存在显著空间自相关，并呈现出显著的空间溢出态势。通过空间面板回归最优筛选与实证分析，得出人均财政支出、人均中央净补助、经济发展水平、城市人口密度以及城镇化率对缩小我国基本公共服务区域差距效应具有显著的积极影响，而财政分权支出度对其有显著的负向影响。通过空间系数检验，得出人均财政支出占比、经济发展水平以及城镇化率对缩小我国基本公共服务区域差距效应具有显著的负向空间溢出影响，而财政分权支出度存在正向溢出效应。通过对东部、中部、西部地区不同区域的实证分析，得出财政支出分权度、人均财政支出、人均中央净补助、城市人口密度以及城镇化率对中部、西部地区缩小基本公共服务区域差距的边际贡献显著高于东部地区。拓展分析实证结论表明：财政分权支出度、人均中央净补助、财政自给率、经济发展水平、城镇化率以及城市人口密度对交通运输类的"生产型"基本公共服务支出的积极影响明显高于教育、卫生医疗以及社会保障类的"社会型"基本公共服务支出。通过空间系数检验，得出财政分权支出度、财政自给率、经济发展水平与政府卫生医疗支出的关系显著为负，而财政分权支出度与财政自给率对教育支出的影响完全相反。通过加入东部、中部、西部地区的虚拟变量后，发现相较于发达地区，欠发达地区地方政府支出偏好更倾向于"生产型"基本公共服务。

最后，从财政政策的制度基础与具体性财政政策视角，系统性地提出缩小基本公共服务城乡区域差距的财政对策。科学划分与平衡各级政府支出行为以提升基本公共服务在区域间的供给有效性，促进城乡经济均衡发展以保障城乡基本公共服务，有效改革财政体制为减差效应扫清障碍，整合地方税体系以提升基本公共服务均衡供给能力，通过各层面财政对策运用过程中理论与实践的相互配合以缩小基本公共服务城乡区域差距。

本书创新点主要有以下几个方面。

第一，重新审视了基本公共服务差距的研究内容，从中央与地方多方博弈角度，通过财政、经济、社会多个层面探索缩小基本公共服务城乡区域差距的财政对策。本书所研究的基本公共服务城乡区域层面涵盖的类别较为齐全，为厘清各变量间的相互关系，通过分别测度基本公共服务城乡差距指数、基本公共服务区域差距指数，探究城乡区域差距形成的原因与作用机制，分别从城乡与区域层面较为全面地分析缩小基本公共服务差距效应的实现机制，并提出相应的财政对策。

第二，对缩小基本公共服务差距的研究采用了城乡、区域双层面研究视角。现有文献多从单一角度进行分析研究，本书针对区域与城乡差距的不同属性与特性，全面分析其在基本公共服务研究领域中的共性与个性。以共性视角分析在财政体制因素下基本公共服务城乡区域差距问题；以个性视角分别研究地方政府行为偏好对缩小区域差距效应、缩小城乡经济差距对缩小城乡差距效应，进一步探究其影响，以期用全域视角对基本公共服务差距问题进行系统性研究。

第三，将基础与拓展模型引入缩小基本公共服务城乡区域差距财政政策问题的两阶段实证研究。本书将动态空间计量模型等方法分别引入缩小基本公共服务城乡区域差距的基础性研究，再根据城乡区域的个性特点与属性，分别运用空间动态计量模型与Logit 分层模型进行拓展性实证分析，因此在研究方法层面也有一定的创新。

目　录

第1章 绪 论

1.1 研究背景及意义

1.1.1 研究背景

社会非公平的较直观体现就是不同种族、不同地理位置、不同时间上存在过大差距,但人类自始至终对公平保持着深刻且长远的追求。我国古代不少先哲流传至今的名言名文中就表达了对正义、公平的重视。《管子》里说,"天公平而无私,故美恶莫不覆;地公平而无私,故小大莫不载";《汉书》中写着,"恽居殿中,廉洁无私,郎官称公平"。这些都充分体现出正义与公平对促进社会整体稳定与发展的重要意义。但在现代中国,社会非正义、非公平问题依然比较突出。国家统计局公布的数据显示,2019年我国基尼系数为0.465[①],仍然高于国际警戒线0.4的标准,2019年我国农村人均可支配收入仅占城镇的约37.82%[②]。这说明我国的收入分配、经济发展的差距仍然存在较严重的两极化现象,也

---

① ② 资料来源:国家统计局。

意味着缩小基本公共服务城乡区域差距必定是一个长期动态的过程。当前，我国基本公共服务发展正进入两个关键时间节点，从全面建成小康社会到基本实现现代化，再到全面建成社会主义现代化强国，基本公共服务的现代化是关键一环。我国已进入中国特色社会主义新时代，社会主要矛盾已经转变为人民日益增长的美好生活需要和不平衡、不充分的发展之间的矛盾，而这种不平衡、不充分的现状正是基本公共服务供给上呈现的城乡区域差距的现实阐述。

改革开放以来，我国在基本公共服务的探索方面取得了一定的成就，但在发展的进程中也存在若干尚未妥善解决的社会问题，如何将改革发展的巨大成果惠及全体社会公民并公平、正义且有效地保障公民的社会福利以缩小基本公共服务差距，便是其中当务之急。从宏观层面看，我国城乡区域差距扩大的主要原因在于，长期以来重视经济建设的发展而忽视了社会整体发展不均衡的问题。城乡二元经济体制表现在工业化建设早期政府通过对农产品价格实行最高限价以积累足够的经济资源满足对城市的供给；随着市场经济体制的确立与发展，政府通过出台一系列政策支持拥有自然、经济禀赋地区优先发展，导致城乡间、区域间的差距进一步凸显。面对城乡区域差距日益扩大，要实现市场经济体制的可持续发展，必须使经济发展与社会发展共同协调推进，促进整体层面的均衡发展，而社会发展的首要问题就是要凸显公平的重要性。基本公共服务体系的构建与不断完善就是社会发展的导向，这可以从近年我国政府工作报告、政策动向中略窥一二。党的十六届六中全会首次提出"实现基本公共服务均等化"是建设社会主义和谐社会的重要目标。党的十七大报告首次提出"创造机会

公平以有效推进收入分配的改革"。党的十八大报告进一步提出
"逐步建立以三公平为主要内容的社会公平保障体系"。"十四五"
规划强调"以增进民生福祉，提升共建共治共享水平，促进人的
全面发展是我们党立党为公、执政为民的本质要求"。这些都充分
体现出缩小基本公共服务城乡区域差距对促进我国政治、经济、
社会发展的重要性。

1.1.2 研究意义

1.1.2.1 理论意义

学术界对区域或者城乡单一层面的基本公共服务从哲学、财
政学等方面进行了大量的研究，但是通过多学科相融合研究基本
公共服务城乡区域差距的成果甚少。基本公共服务内涵与范围的
界定、非均等化问题的探究都是典型的财政学问题，本书结合财
政学、管理学、经济学、公共品供给等理论的特征，从城乡与区
域具备的共同属性与独有特征出发，通过更全面、更系统的研究
视角探讨城乡与区域的基本公共服务差距问题，考察并探讨基本
公共服务多层面差距问题，以及如何缩小差距以保障均衡发展的
逻辑体系。

如何公平地将基本公共服务的成果惠及全体人民，以实现社
会福利的最大化是财政体制一直探究的问题。由于城乡间、地区
间在历史根源、经济、社会等方面存在差异性，我国的基本公共
服务体系在城乡间、地区间形成了非均等的格局。那么，在区域
协调、城乡统筹的目标下研究财政体制对城乡区域基本公共服务
的影响机制，并探讨缩小基本公共服务城乡区域差距的目标研究
就成为确定财政体制改革方向的一项重要理论基础。

1.1.2.2　实践意义

改革开放40余年来，国家一直致力于扩大基本公共服务的覆盖面并统筹协调推进基本公共服务均等化。《国家基本公共服务体系"十二五"规划》指出，"享有基本公共服务属于公民的权利，提供基本公共服务是政府的职责"。《"十三五"推进基本公共服务均等化规划》指出，"从基本公共服务的发展基础和环境现状中，不断完善与健全基本公共服务体系"。"十四五"规划指出，"明确国家标准并建立动态调整机制，推动标准水平城乡区域间衔接平衡，以提高基本公共服务均等化水平"。这都表明，基本公共服务的建设与发展不仅是全国公共事业的目标要求，同时也是全面建设服务型政府的内在要求。目前，我国基本公共服务在城乡之间、不同地区间仍存在发展不平衡不充分、质量参差不齐、服务水平与经济社会发展不适应等问题，探索基本公共服务在城乡与区域层面的差距问题以及如何有效缩小基本公共服务差距，能进一步保障和改善以教育、医疗卫生、文化服务、社会保障、环境、基础设施等基本公共服务领域为重点的社会发展建设，还能切实保障人们对生存与多样化发展需求，有助于民生福祉达到新水平、缓解和消除当前社会存在的一些矛盾、构建社会主义和谐社会。

1.2　文献综述

基于本书所研究的内容，本节将分别结合基本公共服务理论、供给的影响因素、供给机制的评价以及城乡区域差距问题与成因的内容对相关文献进行归纳与分析，以期从中探索研究基本公共服务与城乡区域差距关系的理论及实证脉络。基本公共服务的研究成果很多，也一直是学者关注的热点，主要研究内容包括理论探讨、影响基本公共服务因素及评价测度等，本节就按照这一顺序进行基本公共服务的文献综述。国内外关于纯粹的城乡差距、区域差距以及社会公平研究多集中在理论层面，因此城乡区域差距包含内涵、范围以及成因的理论研究成果是本节综述社会公平研究成果的重点。

1.2.1 基本公共服务的研究进展

1.2.1.1 基本公共服务的理论研究

对基本公共服务的最早界定可以追溯到古希腊时期，著名思想家亚里士多德在《尼各马可伦理学》一文中通过对城邦公正伦理问题的探索，引出社会管理中公共性问题的讨论。瑞典著名经济学家林达尔（1958）首次在《公平税收》一文中对公共物品的内容进行定义。对基本公共服务理论进行系统阐述的则是约翰·罗尔斯（2014）在《正义论》中呈现的，他在对社会正义理论进行论述时指出，财政理论与基本公共服务的平等主义倾向对促进基本公共服务实现均等化是有帮助的。胡祖才（2010）指出，政府提供的基本公共服务应具有非竞争性与非排他性，主张在基本公共服务中实现均衡并非笼统的相等，而是给予全体公民享受基本公共服务权利上实现均衡。李清章（2016）对我国基本公共服务理论性内涵的历史脉络进行了整理与归纳，认为基本公共服务供给的公平性是中国在新常态下追求社会公正与达到社会均衡发展的价值目标，基本公共服务的历史演进经验对我国社会经济发展有着积极的借鉴意义。还有不少关于基本公共服务的理论研究阐述了公共财政在其中的影响与效应，有许多学者认为财政转移支付在一定程度具有收入再分配的功能，有助于公共品供给的公平性分配（Sen，1976；Anthony Atkinson，1994；Dimova and Wolff，2008）。罗森菲尔德（Rosenfeld，2007）在对德国的基本公共服务供给与需求的现状进行分析时发现，财政转移支付工具对有效供给基本公共服务具有明显效果。庇古－达尔顿（Pigou－Dalton）在"转移支付方法准则"中指出，将转移性收入从高收入者转移到低收入者会促进社会平等和提升社会福利效应。高希（Ghosh，2002）通过对财政转移支付的阶段性差异进行分析，认为基本公共服务的有效性与财政转移支付的层次具有显著的正相关性。刘穷志（2007）指出，通过现金补助、养老金转移收入、社会救济补贴等财政转移支付直接作用于微观个体且通过提供教育、健康医疗等基本公共服务可提升基本公共服务供给效果。布伦南（Bienen，1996）对处于转型经济中非洲地区分析并模拟了政府如何高效配置财政用于基本公共服务。奥顿（Audun L，2015）运用税收行为与政府财政支出的结构性模型测算政府的财政能力与对政府财政支出的社会需求力。也有一些国外文献结合效率与公平对基本公共服务进行了效率与均等化研究（Warner and Hefetz，2002；Cooper and Ray，2008；Andrews and Entwistle，2010；Andrews and Entwistle，2013；Zhang et al.，2015；Zamzami，Fajrizal and Hasan，2017；Trnka and Stöckelová，2019；Kirkpatrick et al.，2019；Wang and Chen，2020；Gumah and Aziabah，2020）。

1.2.1.2 基本公共服务供给的影响因素研究

（1）基本公共服务与财政体制因素。有关基本公共服务中财政分权理论的研究最早是通过对地方社区公共品供给问题进行探讨，其中，传统的 TOM 理论和第二代财政分权理论的主要研究内容都证明公共品供给的有效性为财政分权理论的发展提供了重要依据。社区居民有权按照自身对公共品的偏好以及社会福利的需求程度选择最优的地方政府公共部门，这无疑会加强各个地方政府间为争取最优产生的良性竞争。而比较中央政府而言，地方政府对投票者的偏好信息更为完全（Tiebout，1956；Musgrave，1959；Oates，1972；Eichenberger，1996；Bardha，2002）。具体来说，第一代财政分权理论最早是由蒂布特（Tiebout，1956）在"用脚投票"理论中阐述的，认为同时具有投票权与消费能力的选民通过投票方式筛选出最匹配自身偏好的社区，有助于改善其公共部门实施工作的水平。保罗·安东尼·萨缪尔森（Paul A. Samuelson，1954）通过设计纯公共品的最优供给模型，有效地将公共品概念与准公共品、私人品区分开来。乔治·约瑟夫·斯蒂格勒（George Joseph Stigler，1957）提出"菜单理论"，通过公平分配与资源有效配置的视角考察得出较中央政府而言，地方政府更具备信息的完全性。马斯格雷夫（Musgrave，1959）提出，公共服务的配置应根据不同的受益群体与受益范围由相应级别的政府予以提供。布坎南（Buchanan，1965）指出，具备偏好同质性的社区成员构成的"俱乐部"符合公共服务最佳配置的前提条件。奥茨（Oates，1972）指出，在公共品存在非外溢性、居民偏好存在非同质性的假定条件下，地方政府应发挥公共服务最优配置以满足每个辖区居民的不同倾向。特里希（Tresch，1981）设计出"偏好误识"理论，指出相较于地方政府而言，中央政府很难精确匹配并满足选民对公共品的偏好，基于边际消费替代率的不确定性特点，可能造成公共服务在供给上的偏差。第一代财政分权理论证实了地方政府在公共品配置中的重要性，同时基于地方政府公共部门无论在地域上还是在信息上具备的竞争优势，在配置本地社区居民异质性偏好上比中央政府更有效，且投票机制一定程度上有助于刺激政府为居民供给高质量的公共品，提升基本公共服务供给效率。

第一代财政分权理论以地方政府是"仁慈的公共利益守护者"为假设条件，地方政府的公共支出偏好也受机制的约束和动机的影响。布坎南（Buchanan，1980）提出公共选择理论，认为政府人员也存在自身目标是否实现最大化的动机，而地方政府是由每一位经济和政治政绩竞争者构成的聚集地，有一些政府人员由于缺少有效的约束机制而产生寻租动机，从而造成基本公共服务供给效率低下。基于此发展环境，公共选择学派讨论并提出更完善的公共机制与措施来缓解公共品配置中存在的"政府失灵"现象，这使得第一代财政分权理论延伸发展到第二代。钱颖一（1997）提出，第二代财政分权理论的主要构成为激励相容机制理论，其重点在于通过激励机制实现公共服务供给的帕累托最优。罗森和麦金（Rosen and Mckinnon，1997）认为，财政分权体制背景下，地方政府通过相互间竞争也会起到有效监管与督促作用，有助于降低地方政府对居民低效的支出行为。基恩和马钱德（Keen and Marchand，1997）指出，当地政府通过税收竞争增加对服务于地方经济的公共服务投入，但是减少具有社会福利性质的公共服务供给，最终导致公共财政支出的结构失衡。奥茨（Oates，1999）指出，地方政府相互影响下的竞争赛，能激励政府为获得高排名而优化公共服务供给的配置。钱颖一和罗兰（Qian Yingyi and Roland, 1998)认为, 实行财政分权有助于激发辖区间的良性竞争, 提升地方政府公共支出行为的效率。第二代财政分权理论侧重讨论财政分权的制度管理方式和行使政策的单位行为。该理论指出, 中央与地方政府在公共机制实施上等同于委托人与代理人间行使的合同约束问题, 当地方政府 (代理人) 缺乏对自身管理的机制与法律约束, 导致中央 (委托人) 对其具体行为监管出现信息失灵现象, 很容易引发地方政府在公共部门行使权力时产生寻租行为, 从而造成公共部门工作效率低下。鉴于此, 应该不断完善对地方政府公共行为的约束机制, 设计出一套合适的委托—代理管理机制, 不仅应注重约束地方政府公共支出行为的内容, 还需要配套适当的政治与经济激励机制, 有助于平衡中央与地方政府间的委托—代理关系, 使公共部门在公共品供给与配置管理中实现目标最大化。格斯 (Guess, 2007) 认为, 财政分权对地方公共部门供给与配置的积极效应主要体现在问责机制是否合理、事权与财权是否匹配。霍夫曼 (Hofmann, 2010) 研究发现, 地方政府对公共品的供给效果因地区间的收入来源差异而不同, 对转移支付项目依存度很高的地方部门也无法完全保障本地居民的公共福利, 因此, 设计对地方政府有效的问责机制是十分必要的。从以上对财政分权理论相关文献的阐述可知, 大多数研究学者认为财政分权能有效提升公共服务供给公平, 但也受诸多因素的制约。

(2) 基本公共服务与经济因素。基本公共服务支出与经济发展、经济增长效率有着不可分割的联系。我们在分析经济增长对公共服务供给的影响时, 绝大多数情况下是通过索洛经济增长模型理论、哈罗德—多马经济增长理论构建的投入产出模型来对经济增长效率进行测算的, 国外学者在早期就通过投入产出相关模型对经济增长效率进行了测算。莱本斯坦（Leibenstein，1996）指出，在一定投入下，实际与理想的最大可能性产出的比率就是技术效率。一些学者研究发现，公共服务支出与经济增长间呈现显著的正向关系（Keynes，1936；Uzawa，1965；Arnott and Gersovitz，1986；Aschauer，1989）。巴罗（Barro，1991）认为，公共服务支出的偏向性行为对经济增长的效果是不同的，偏向生产性公共服务支出对经济增长的效应显著为正，而偏向非生产性公共服务支出带来的经济效应为负。也有一些学者认为，政府非生产性公共服务支出会对经济增长产生积极影响，而政府生产性支出反而对经济增长的影响不显著甚至为负（Pär Hansson and Magnus Henrekson，1994；Devarajan V，1996）。

近年来，由于全球环境问题日益严重，一些学者在公共资源环境约束下对经济发展进行研究。胡鞍钢等（2008）、王兵等（2010）认为，公共环境资源的过度消耗导致公共环境污染日趋严峻，污染治理成本的上升削弱了经济发展，而公共资源环境供给效率低下与非均等性又进一步制约了经济发展。钟等（Chung et al.，1997）重新创新 Malmquist - Luenberger（ML）指数，既满足了效率测算中期望产出（如 GDP 等"好产出"）不断增加的需求，又实现了公共环境供给水平提升的要求（SO_2 和 CO_2 等"坏产出"）。此后，运用该指数的相关研究逐渐增多（Jeon and Sickles，2004；Yoruk and Zaim，2005；Kumar，2006）。将公共资源环境因素纳入经济发展研究框架的国内研究较少，一些学者更愿意使用环境绩效指数（EPI）来评估公共环境投入产出水平对经济发展的影响（Färe and Grosskopf，2004；Kortelainen，2008；Vachon，2012），也有一些学者倾向于运用生命周期评估方法（LCA）从公共环境水平低下的初始投入到最终导致水平低下的整个过程来评估公共环境投入—产出对经济的影响（Miettinen and Hämäläinen，1997；Lozano et al.，2010；Olander，2012；Poeschl，Ward and Owende，2012；Hawkins et al.，2013；Vázquez-Rowe and Iribarren，2015；Carvalho et al.，2014）。托恩（Tone，2001，2003）在引入非期望产出的 SBM 模型的前提下，通过创新基于产出视角的 SBM-DEA 方法分析公共环境效率问题。随后，有研究学者把造成公共环境水平低下的环境污染变量作为非期望"坏产出"处理分析公共资源对经济发展的相互影响（Shi，2010；Park et al.，2016；Chen and Jia，2017；Guo，2011；Chang et al.，2014）。国外学者对公共服务与经济方面的研究在理论和实证方面成果都相当丰富，包括对单一公共服务支出与整体公共财政支出对经济的相互影响，也有针对公共环境资源对经济效率的影响研究。

1.2.1.3 基本公共服务相关的评价研究

（1）基本公共服务供给机制的客观评价。在对单项型基本公共服务供给水平评价方面，克里明斯（Crimmins E M，2001）运用 1970～1990 年的美国医疗领域数据库研究美国各州在健康医疗供给水平上的差异。我国学者也较早有这方面的研究，杨东平（2003）和沈有禄（2009）基于城乡区域均衡的视角对基础教育进行了细分，将基础教育门槛和在学校接受教育的投入与产出作为基本公共服务供给水平与效率的指标进行测度。李斌（2004）通过基尼系数和洛伦兹曲线等工具从全国层面对农村地区基础教育供给水平进行评估。张宁等（2006）以预期寿命均值表示产出，以卫生经费、卫生机构床数等表示投入，运用投入—产出方法从全国省级层面测度区域的卫生医疗均等化水平。刘小川（2009）

和申曙光等（2009）运用 Kakwani 指数用于研究卫生筹资和政府卫生支出分配的公平性。兰相洁（2010）和李继胜（2011）运用泰尔总指数对全国区域间的卫生医疗服务供给综合水平进行测度与分析。麻宝斌等（2009）从公共就业均衡性视角分析就业资源的投入效果和公共资源收益对就业服务需求程度的耦合性。

在对综合型基本公共服务供给水平评价方面，一些研究学者把公共部门的最优配置问题作为提升基本公共服务供给水平的关键问题，具体来说，通过设计出一套合理的公共品的供给机制并且对标公共品供给的公平性与效率性目标，依次来评估公共服务的均等化水平（Denhardt，2000；Entwistle，2005；Simon Griffith，2009）。沃纳（Warner，2002）运用地方政府支出、预算配置额度等评价指标，通过剔除人口规模差异将指标人均化，以此对基本公共服务供给水平进行测度并进一步分析供给水平在不同区域的时空变化。博伊尔（Boyle，1982）纳入人均税收贡献度进一步分析公共部门的配置情况。安体富（2008）选取公共教育、社会保障等作为评价指标测度了基本公共服务供给综合得分。孙璐、吴瑞明和李韵（2007）通过测算基本公共服务供给水平绩效，以长江三角洲区域覆盖的 16 个城市为案例，对其公共服务供给水平进行了比较。刘成奎（2011）选取了义务教育、卫生医疗、社会保障与社会保障四大基本公共服务领域，以 2004～2008 年全国 28 省市的城区与农村为研究案例，通过构建基本公共服务评价指标体系对城乡间的均等化水平进行测度。甘家武（2013）选取云南及毗邻省份作为研究对象，测算了 2000～2011 年四省的公共服务供给综合水平，发现这四省在考察期间的基本公共服务供给水平都有提升。研究公共服务均等化的问题，若选取单一省份或局部区域为研究样本，在反映全国公共服务均等化演变上可能存在明显的局限性，因此，需从全国层面对我国基本公共服务供给水平进行评估。陈昌盛和蔡跃洲（2007）建立了一个含有 8 类子系统、165 个指标的水平评价体系，以全国 31 个省级行政区划为评估对象，用基准法对我国 2004～2007 年基本公共服务在不同地区间的差距进行了全面估算与评价。武力超和林子辰等（2014）运用动态面板模型对我国 2003～2011 年的基本公共服务供给综合水平进行了有效估算，并得出各省份的基本公共服务供给能力与各区域间的金融生态投入呈正相关的结论。马昊和曾小溪（2011）选用了我国中部、西部地区代表性省市为案例，对其在 2002～2009 年的基本公共服务供给水平进行了综合测算与评估。王晓玲（2013）以熵值法为研究方法测度了我国不同地区在 2011 年的基本公共服务均等化水平，并分析区域间的基本公共服务供给水平在不同时间与空间的时空分异情况，发现全国的基本公共服务均等化水平总体情况不佳，区域间的基本公共服务均等化水平呈现出显著的空间外溢性。由此可见，构建综合指标体系仍是客观实证研究所采取的主流方法。

（2）基本公共服务供给机制的主观评价。西方国家自 20 世纪 80 年代推行新公共管理运动以来，倡导将企业管理理论中顾客至上的理念引入政府管理中，公共服务的提供应以"顾客"为导向，以"顾客"的满意度为政府公共服务质量的评判标准，并建立了一系列顾客满意模型以描述顾客满意的构成，其中具有代表性的有瑞典于 1989 年率先建立的顾客满意度指数（SCSB）模型、派拉索拉曼等建立的 SERVQUAL 模型、美国密西根大学商学院的国家质量研究中心和美国质量协会（1994）共同提出的美国顾客质量满意度指数等。詹姆斯·布坎南（James M. Buchanan，1950）利用了财政剩余均等法来评价公共服务均等化问题。也有研究学者综合英国卫生和地方政府服务管理的测量结果，定量论证了英国基本公共服务的均等化（Jacobs R and Goddard M，2007）。美国学者福奈尔等（Claes Fornell et al.，1996）通过解释 ACSI 模型的理论基础并进行数据分析，发现消费者对商品的满意度大于对服务的满意度，而对服务的满意度大于对政府机构的满意度。有研究认为，我国可以借鉴西方国家公共部门管理机制，运用各学科理论与方法来解决政府管理中实际存在的问题，如胡德（Hood，1991）强调私营管理理论与现代经济学理论在研究中的重要性，认为检验政府管理的效果注重市场的同时应关注顾客的满意度，并采取绩效激励实时监管政府的潜在目标与实际履行成果的匹配度，有助于提升政府服务的效率。有研究学者建议，政府公共部门多借鉴私营部门或企业在管理中的有效经验与方法，并结合自身实际情况运用到公共品的供给与配置工作中，提出政府公共部门应从中学习对待顾客的态度和参与良性竞争等管理理念与机制（Osborne D and T Gaebler，1992）。当然，由于我国经济体制的特殊性，基于我国基本公共服务机制优化，我国学者也开展了广泛的研究。孟春、陈昌盛和王婉飞（2004）提出了一个包含公共服务的范围、公共服务的提供、公共服务的运行机制与公共服务制度激励四个层次的基本分析框架，强调在我国结构改革过程中要保证公共服务的效率和公平，在结构调整中保证低收入人群最基本的公共服务的可获得性。吴建南和庄秋爽（2005）在对美国顾客满意度指数在公共管理部门应用的背景、测量模型及结果的运用三个方面进行分析的基础上，提出要尽快构建我国公共部门的顾客满意度测量体系。陈伟和白彦峰（2013）提出，当前我国要积极探索并完善基本公共服务标准化的原则、多元化主体、复合型人力资源、资金投入和考核机制，从而在推进公共管理改革的同时保障满足人民群众日益增长的基本公共服务需求，促进城乡一体化发展和实现社会和谐。总的来说，我国的基本公共服务存在地区差异，受众满意度有待提升，服务体系机制也有待优化。

1.2.2 基本公共服务与城乡区域差距的研究进展

1.2.2.1 基本公共服务城乡差距的研究

（1）基本公共服务城乡差距的内容。学术界对中国社会发展带来贫富分化、城乡差距拉大等社会问题十分关注。金双华（2006）认为，地方政府支出是缩小我国城乡间、区域间差距的有效财政政策工具，并指出有效提升均等化水平就必须遵循公平与效率相结合的原则。申曙光（2009）主张，从我国城乡间、区域间基本公共服务均等化目标实现的角度缩小我国在社会保障供给方面的显著差距，有助于社会公平目标的实现。沃尔（Walle，1995）以基础教育与卫生医疗服务为研究领域，结果发现，这两大基本公共服务领域的供给对贫困受益者的效用较普惠者更显著，而高等教育与城区卫生医疗服务的供给对其影响并不明显。刘成奎和王朝才（2008）以时间序列为研究方法，对影响我国1995～2005年城乡与区域收入平等性的财政因素进行分析，发现财政支出对我国城乡和区域收入均等性根据支出类别的差异而存在不同的效应。孙祁祥等（2014）认为，城乡差距的扩大除了存在不同发展时期遗留的各种问题，最重要的是来源于我国社会保障的供给和管理机制等在传统城乡发展进程中表现出的低效。蔡伟贤

（2015）通过 CHNS 的微观调研数据开展实证研究，结果显示，我国城乡收入差距的趋势走向从逐步扩大到逐步平稳的过程，而在缩减差距中起到主要作用的关键因素是教育公平的实现程度。也有学者对全国城乡的基本公共服务差距水平通过空间动态研究进行实证分析（尹境悦，2015；韩增林和李彬等，2015）。

（2）基本公共服务城乡差距的成因。造成城乡差距的原因主要是对农村教育、医疗、社保等基本公共品供给不足。国内学者对于传统城镇化背景下，城乡基本公共服务非均等的原因主要集中在二元体制、公共财政制度等方面。一部分研究学者主要从制度层面进行分析。张军和蒋维（1998）指出，农村家庭承包制的推出对传统集体化的生产经营制度在统一对地方公共品的供给上存在不利影响，尽管农村家庭责任制替代集体化经营对提升农业生产的高速发展具有很强的激励作用，但缺乏对农业教育、医疗、基础设施建设等基本公共服务的充分供给与有效的制度管理与安排。郭熙保（1995）认为，农村土地家庭承包制的内在弊端是导致农村公共品的供给与投资激励不足的原因。林万龙（2003）进一步分析出农村公共服务供需失衡的深层次原因是旧公共品供给机制不再匹配现有的新的制度环境，因此对农村公共品和公共服务供给机制的创新是缓解农村公共服务供需失衡的必要手段。蔡昉（2003）从制度经济学的视角，认为城乡间谈判地位与游说机制的差距是至今导致城乡福利非均等化的重要因素，表现为城乡间在公共品的投入力度、公共服务资源机遇上的差距，进一步导致城乡的福利差距。张曙光（2003）指出，农村基本公共服务供给水平低下的根本原因源于缺乏对"非排他性"与"非竞争性"的公共品的正确归类，误把原本由政府承担的农村的基础教育、医疗卫生等基本公共品的供给当成由农民个人承担。拓志超（2011）指出，市场失灵是政府对公共品供给效率失效的主要原因，从长期实践看，城镇的倾斜性政策使其供给机制表现出非均等性，农村居民对公共品的需求偏好表达不准确，导致农村基本公共服务的供给与需求不一致。

一部分研究学者认为，政府的二元经济体制是造成农村基本公共服务供给不足的重要原因。张军和何寒熙（1996）指出，农村基本公共品供给不足既缺乏长效的农村公共服务的建设筹资机制，又没有提供公共品供给的法律机制保障。王国华和李克强（2003）指出，抑制农民对公共品的需求增加的根本原因源于改革开放以来对农村基本公共服务的供给滞后，由于二元制经济体制在社会经济建设上的倾斜性，政府对城市基本公共品的财政投入远超对农村基本公共品的投入，进一步造成城乡的公共服务供给的差距不断拉大。王荣（2004）指出，城乡居民在教育、卫生医疗等基本公共服务供给非均等化的原因与城乡二元制的社会经济结构体系存在很大的相关性。叶子荣和刘鸿渊（2005）指出，城乡的二元经济结构体制形成了城乡间不同的公共服务供给机制，导致对农村的基本公共服务供给严重不足。李华（2005）认为，在城乡二元财政体制和分税制财政体制下，由于经济发展水平的差距、政府对基本公共品的供给水平差距，各地区间基本公共服务的差距，特别是城乡差距表现得尤为突出。这种差距一方面来自城乡人口对基本公共品的需求程度的不同，另一方面源于分税制财政体制下政府的财力水平不同。

在新型城镇化发展背景下，梁永郭等（2016）指出，城镇化发展不仅是我国主导的发展方向，也是政府财政体系偏向的重点，农村经济发展缓慢，再加上政府对农村基本公共品的供给缺乏财政机制的倾斜，两种户籍制度区别对待是造成城乡基本公共服务非均等的主要原因。杨清荧（2017）指出，造成基本公共服务城乡差距的主要原因是城乡二元经济体系。魏汝丽（2017）认为，不合理的配套财政分配机制是城乡公共服务供给差距的重要原因。王岳含（2016）指出，县级政府财力不足导致了农村公共品供给严重不足。陈晓凯（2015）、王波（2016）、杨喜和王平（2017）认为，由于二元经济结构的存在，对农村教育、卫生医疗等基本公共品供给的匮乏与对城镇基本公共服务财政倾斜政策的矛盾很难消除，城乡基本公共服务体系不够完善、政府绩效考核标准不一致等问题也是造成基本公共服务城乡差距的主要因素。吴节（2015）指出，由于我国经济发展非均衡化，财政分权机制的弊端，以及对基本公共品供给的主体缺乏多样性，导致了城乡基本公共服务的差距。

1.2.2.2　基本公共服务区域差距的研究

（1）基本公共服务区域差距的内容。有些学者从财政总支出、人均财政经费支出等因素分析不同区域间的基本公共服务差距。安体富和任强（2007）、宋迎法（2007）、张恒龙（2007）、张启春和胡继亮（2016）等运用人均公共财政经费支出来测度区域间基本公共服务供给差距程度。刘溶沧和焦国华（2002）通过测算与比较1988～1999年地方人均财政收支的最高值、低值与其变异系数，并通过整理地方人均财政收支的样本数据，发现不同地区间的人均财政收支总量与占比存在显著的不同，尤其在1994年分税制财政机制改革后，其总量呈现逐渐递增，且各地区间的收支差距呈现扩大趋势。王晓玲（2013）在测定省域间基本公共服务水平及其区域差距后，认为其产生的原因在于地方财政公共服务支出呈现出明显的空间区域差距。也有些学者从教育、卫生医疗、社会保障等基本公共服务领域研究区域间基本公共服务供给的差距。张丽琴（2007）运用 2005 年全国乡镇村的卫生机构数、卫生床位数、每千人拥有的卫生技术人员数等数据对不同区域的农村卫生医疗专项的基本公共服务供给进行了比较与分析，发现东部地区的供给状况要明显优于中部、西部地区。袁方程（2008）通过比较 1993 年与 2005 年的生均教育投入、教学师资、升学率等数据，分析了不同地区农村基本教育公共服务的供给状况，结果显示其供给水平从东部、中部、西部地区依次呈递减趋势。伏润民等（2010）运用信息熵值法对云南省 129 个县市从经济、自然和社会领域测算公共事业均等化系数。武力超和林子辰等（2014）通过基尼系数测算了我国 25 省份的综合基本公共服务均等化水平。马慧强（2011）以我国 286 个地级市为研究对象，通过对东部、中部、西部三大地区进行归类分析，刻画了其基本公共服务空间格局差距。然而，有部分学者认为，缩小区域间基本公共服务差距的效果不容乐观。李文军和唐兴霖（2012）等学者运用财政支出占基本公共服务的比例分析 2001～2010 年我国 31 省区市的基本公共服务供给状况，结果表明，尽管我国基本公共服务预算支出增长趋势明显，但用于公共服务的财政支出占比的数值没有明显的扩大趋势。此外，安体富和任强（2012）运用 2000～2010 年省级面板数据对我国基本公共服务区域水平进行分析，也得出区域的基本公共服务供给差距尚未明显缩小的结论。

（2）基本公共服务区域差距的成因。国内学术界将基本公共服务区域差距的主要成因归为经济因素和制度因素。首先，经济因素主要包括不同区域经济发展差距、事权与财权的划分、税收分成、政府间财政转移支付等诸多方面。贾康（2006）认为，中国区域间基本公共服务差距形成的重要原因有三点：第一，中央、各省市政府向欠发达地区财政转移支付的力度不够，很难满足这些弱经济发展地区对教育、医疗等基本公共服务的极大需求；第二，中央对地方的一般公共服务财政支出由于各地区经济发展水平的差距而存在明显的不同，进一步导致其在基本公共品供给数量与质量上的差距；第三，由于受各地区经济发展距离的限制，对于经济距离较远、发展滞后的偏远地区而言，对其提供公共服务的成本较高，导致一定程度上阻碍了对其扩大公共品的供给。田发（2010）认为，一般性转移支付对有效降低各地区的公共服务供给差距具有横向效应。具体表现为，一般性转移支付对各地区的横向基本公共服务供给效应的效果要大于不同区域间纵向基本公共服务供给效果，表明区域的财力差距依然不低，因此，要通过构建基本公共服务供给的转移支付体系以缩小区域间基本公共服务供给的差距。岳军（2011）认为，不同的区域经济发展水平导致不同区域的税源充裕程度有显著差距，进一步造成地区间财力的差距，在我国当前税收机制下，经济发展水平越高地区征缴税额越大，进一步拉大了区域经济差距，这拉大了区域间基本公共服务的差距。其次，制度因素主要包含政府决策机制、公共服务机制、政府行政体制、区域整体发展战略以及户籍机制等因素。迟福林（2008）认为，制度体系不完善是造成我国基本公共服务区域差距的根本原因，表现为四点：第一，经济建设支出仍然是中央、地方财政支出的重头，导致可用于基本公共品供给的一般公共服务预算支出占总支出的比例较低；第二，尚缺乏基本公共服务供给的问责与具体分工机制；第三，尚缺乏基本公共服务供给的有效管理与监督机制；第四，城乡二元体制也加大了基本公共服务区域的差距。郑功成（2009）指出，导致我国区域间基本公共服务差距的主要原因可以从行政体制僵化、公共资源配置的非均等、传统户籍机制约束以及二元机制分割等综合因素考量与分析。

1.2.3 文献综述述评

通过回顾与梳理可以发现，既有文献对基本公共服务与财政体制、基本公共服务供给评价以及基本公共服务和城乡区域差距的内涵、成因等方面形成了丰富的成果，也运用了一定的研究方法得出了有价值的结论，对我国现行基本公共服务供给政策制定有一定的借鉴性。而且，大量的实证分析也表明，我国多年来在基本公共服务供给方面累积下来的问题正逐步得到改善，但是我们也注意到，近年来财政的巨额投入并没有同步转换为基本公共服务供给的巨大优势，我国基本公共服务在城乡间、区域间仍然存在服务与管理机制失灵问题，有必要对基本公共服务供给体系进行完善。基于对基本公共服务与城乡区域差距相关研究的目标重点以及研究中运用的方法、模型等均存在差异，研究得出的结论与参考结果提出的对策也会不同。针对本书所重点关注的从城乡与区域两个层面分析的基本公共服务差距的财政影响机制分析，以及如何最大化发挥缩小基本公共服务城乡区域差距的积极效应这两个关键问题，在各类文献中未找到明确内容，相关研究仍存在待改进之处。具体表现为以下三个层面。

第一，对于基本公共服务评价内容的研究成果，大多数的评价方法更注重公共卫生医疗、公共教育等基本公共服务的单项领域，或者干脆将基本公共服务多项领域测度的供给综合水平混用于其单项指标的研究。这类评价方法尽管强调了基本公共服务在某一个领域的具体供给评价得分，但在面对国家发展建设中，全面完善基本公共服务的目标和政策上，单项领域的研究无法匹配出有效的要求与建议，并且单一指标在综合评价体系的笼统使用容易导致评价结果的失效。鉴于此，本书在选取与构建基本公共服务评价指标体系时，充分考虑我国现阶段对基本公共服务发展的要求，结合我国城乡间、区域间在经济发展的不同水平、社会文化差异等具体情况，按照科学性、客观性、数据可得性等原则，从城乡与区域两个层面对我国基本公共服务供给水平进行测度，旨在较好地对我国基本公共服务非均等化水平进行全面分析。

第二，对于缩小基本公共服务差距在城乡间、区域间的问题研究，国内既有的研究成果倾向于从城乡或区域单一维度进行探索，且研究中多用于定性分析，定量分析不足。国外也有一些研究学者对基本公共服务在城乡区域差距的效应问题进行简单分析（Prontas，2012；Rahman，2015），且大多数学者偏向于分析其经济效应（Struyk，1967；Turnovsky，2015），认为缩小基本公共服务差距对促进城乡间、区域间的经济均等性具有积极效应，但系统地从理论与实践中深入探究缩小基本公共服务城乡差距和区域差距的财政政策效应的研究甚少。鉴于此，本书通过经济学、管理学、财政学、统计学等多学科融合的知识，从理论上深入探索，并对基本公共服务城乡差距与区域差距指数分别测度，运用基础与拓展两阶段实证检验缩小我国基本公共服务城乡区域差距的财政政策效应，并系统性地提出缩小其差距的财政政策与建议，这对既有研究是一个有意义的补充。

第三，从实证应用的范围来看，现有的大量文献中，研究成果多为对省级行政区（国内）或是国家层面（国外）的数据进行区域层面或国家层面基本公共服务的截面或面板回归的实证研究，鲜见从城乡与区域两个层面对其基本公共服务差距问题进行动态空间经济研究。基于此，本书尝试运用空间计量经济学的分析方法对我国基本公共服务城乡区域差距的财政影响机制进行分析，以判别我国基本公共服务城乡区域差距水平受哪些财政因素的影响及其影响程度。同时，对于如何实现缩小基本公共服务城乡区域差距目标这个研究问题，多数研究成果倾向于对基本公共服务差距形成的原因进行分析，而对影响基本公共服务城乡区域差距的财政政策效应没有深入研究。因此，本书根据城乡与区域具有的共同属性，通过财政体制等因素对基本公共服务城乡区域差距影响进行实证分析；根据两者具备的个体特征，分别对缩小基本公共服务城乡差距效应引入城乡经济差距实证分析，对缩小基本公共服务区域差距效应引入地方政府支出偏好实证分析，旨在通过城乡与区域两个层面的数据应用及计量实证方法选择，尝试对基本公共服务方面研究进行一定的创新与改进。

1.3 研究思路、结构与方法

1.3.1 研究思路

本书在"缩小基本公共服务城乡区域差距的财政政策研究"

这一主题下力求解决两个关键问题，即财政体制、经济、社会三个方面因素如何导致了城乡区域基本公共服务差距的形成，以及如何发挥缩小基本公共服务城乡区域差距积极的财政效应。围绕这两个问题，本书总体上遵循"提出问题—理论基础—现状刻画—原因分析—模型构建—实证检验—提出对策"的基本思路，以期提出缩小基本公共服务城乡区域差距的系统性财政对策，研究思路和技术路线如图 1-1 所示。

1.3.2　基本结构与主要内容

本书研究主旨是客观评价研究期间内，以城乡区域为研究对象，从理论角度深入研究影响基本公共服务城乡区域差距形成的理论框架与现实基础，从实证角度分别考察我国基本公共服务供给水平在城乡间、区域间的差距及收敛情况，通过分别构建城乡与区域的基本公共服务评价体系对差距指数进行测度，从城乡与区域层面实证分析基本公共服务差距的财政政策效应，以期提出缩小基本公共服务城乡差距与区域差距的双目标下的系统性财政对策与建议。

本书的基本结构与主要内容如下。

第 1 章为绪论。本章阐明基本公共服务城乡区域差距问题研究的现实背景和研究意义。搜集和整理关于基本公共服务城乡区域差距相关的国内外研究成果，分别从基本公共服务理论、供给的影响因素、供给机制的评价以及城乡区域差距问题与成因等几个方面展开，在此基础上进行文献述评，提出有可能进行深入研究的切入点。阐明本书研究的技术路线和基本框架，以及研究方法、主要创新和不足之处。

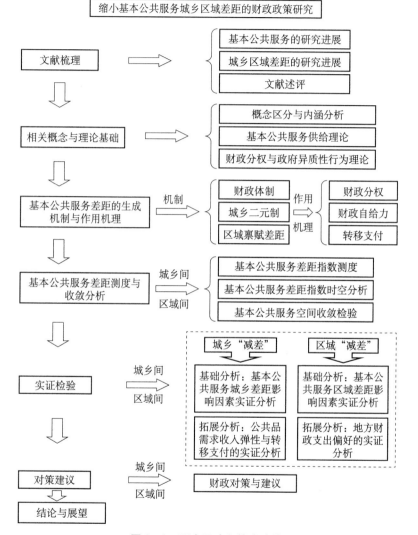

图1-1 研究思路和技术路线

第2章为缩小基本公共服务城乡区域差距财政介入的理论阐释与作用机理。本章围绕基本公共服务城乡区域差距问题构建一个全面的理论框架与现实基础。通过对其相关的内涵以及外延进行界定，并重点通过对基本公共服务城乡区域差距的生成机制进行分析，分别从财政体制、区域禀赋差距与经济二元体的角度分析基本公共服务供给差距在我国城乡与区域间产生的机制与原因，深入剖析基本公共服务城乡区域差距的成因。基于社会公正论、福利经济学以及包括公共服务的理论演化进程中形成的新公共管理、新公共服务与新公共治理理论，对财政学、经济学、管理学等学科内容通过有效融合与交叉分析，从不同角度分析上述理论与基本公共服务供给中财政作用的内在联系。通过财政分权机制、财政自给能力以及转移支付三大财政机制，从理论上分析基本公共服务城乡区域差距的作用机理。

第 3 章为基本公共服务城乡区域差距指数测度及空间收敛分析。本章按照城乡、区域的目标属性与实际数据的可获得性，分别在全国 31 省份 2011～2018 年、30 省份 2015～2018 年设定 41 个、27 个具体指标，以构建基本公共服务城乡指标体系、区域基本公共服务评价指标体系。进一步通过变异系数与熵值法对我国基本公共服务城乡区域差距分别进行测度，衡量城乡区域的基本公共服务供给水平差距以及基本公共服务城乡区域差距指数。同时，运用 ArcGIS 10.2 软件对指数进行时空动态展示，通过运用面板数据进行 β 一般收敛与空间收敛实证以检验收敛的显著性。

第 4 章为缩小基本公共服务城乡差距财政政策的实证分析。本章分基础与拓展两阶段进行实证研究。基础分析选取财政体制、经济层面和社会层面三个维度的影响因素对我国基本公共服务城乡差距形成的因素进行空间实证，基于文献基础和理论假设的预判，运用 ArcGIS 10.2 软件对基本公共服务城乡差距水平进行空间依赖性检验，运用动态面板数据进行空间模型最优筛选和空间动态模型的实证分析,以检验影响我国基本公共服务城乡差距的直接效应与空间溢出效应。拓展分析公共品需求收入弹性与转移支付对城乡经济差距的影响,进而对我国城乡间的基本公共服务供给的影响。通过选取 2014 年、2016 年、2018 年中国家庭追踪调查面板数据对我国 28 个省份涵盖 5754 户农村家庭的减贫效应进行实证分析,运用 Logit 分层法动态分析政府财政转移支付对缩小城乡经济差距的影响方向与作用力度。

第 5 章为缩小基本公共服务区域差距财政政策的实证分析。本章分基础与拓展两阶段进行实证研究。基础分析选取财政体制、经济层面和社会层面三个维度的影响因素对我国基本公共服务区域差距形成的因素进行空间实证分析,基于文献基础和理论假设的预判,运用 ArcGIS 10.2 软件对基本公共服务区域差距水平进行空间依赖性检验,运用动态面板数据进行空间模型最优筛选和空间动态模型的实证分析,以检验影响我国基本公共服务区域差距的直接效应与空间溢出效应。拓展分析选取"生产型"与"社会型"的地方财政支出,通过空间依赖性检验后,运用动态空间模型分别研究不同基本公共服务支出下地方政府行为偏好对我国不同区域间基本公共服务供给的影响。

第 6 章为缩小基本公共服务城乡区域差距的财政对策。根据基本公共服务城乡区域差距的理论分析和实证研究结论,提出实现缩小基本公共服务城乡区域差距的系统性财政对策和建议。

第 7 章为结论与展望。

1.3.3 研究方法

根据研究的需要,本书采用以下五种具体的分析方法。

1.3.3.1　文献研究法

通过对大量相关文献的归纳总结，本书最终敲定选题，确定研究视角，准确把握研究方法，构建整体研究框架。

1.3.3.2　比较分析方法

受经济、社会背景、政治等多方面的因素影响，城乡间与区域间的基本公共服务具体指标数值、基本公共服务供给差距水平都存在不均衡性。只有通过运用客观、完整的数据资料对城乡、区域基本公共服务的各个方面进行横向比较分析，才能判断出基本公共服务在城乡与区域的差异程度，从而对基本公共服务城乡区域差距进行切合实际的判断和并得出相应结论。

1.3.3.3　跨学科研究法

本书研究运用财政学、管理学、经济学、社会学、统计学等相关学科的基础理论、研究方法和历史经验，从整体上对城乡与区域的基本公共服务供给差距问题进行深入分析与探讨，希冀为完善基本公共服务供给机制提供一些参考。

1.3.3.4　规范分析与实证分析法

本书研究的目标是厘清我国基本公共服务供给在城乡间、区域间的差距，并提出解决这一问题相应的对策建议。这需要实证分析与规范分析的有效结合。规范分析法主要用于推断与评价"应该是什么"的问题；而实证分析法是对事物的客观属性的呈现，主要用于阐述"是什么"的问题。本书先是通过对研究样本涵盖的所有基础数据进行纵向梳理，构建出系统评价体系；再通过运用变异系数和熵值法分别对我国基本公共服务城乡区域差距指标体系进行测度，并在差距指数研究的基础上进行空间收敛实证检验；最后通过 ArcGIS 10.2 软件对基本公共服务城乡区域差距水平进行空间依赖性检验,运用最优筛选后的空间计量模型进行空间动态实证研究,解读我国基本公共服务城乡区域差距的财政政策效应,以期为我国基本公共服务供给机制改进的框架设计提出具体的财政对策与建议,使其更具实操性和准确性。

1.3.3.5　动态分析和静态分析法

本书分别选取 2011~2018 年、2015~2018 年的公共教育、卫生医疗、公共文化、社会保障与就业、环境保护、基础设施六大类基本公共服务领域分别构建城乡与区域的基本公共服务水平指标,通过运用基本公共服务城乡区域差距指数,利用 ArcGIS 10.2 软件对其进行时空动态的可视化分析,得出基本公共服务供给差距在时空的演变趋势和动态变化特征。在缩小基本公共服务城乡区域差距的财政政策效应的实证分析中,采用静态分析法对特定时点的影响结果进行实证分析,旨在对基本公共服务城乡区域差距的问题研究作出深入分析与探讨。

1.4　主要创新与不足

1.4.1　主要创新

本书是对缩小基本公共服务城乡区域差距命题的研究,有以下几个创新点。

第一,重新审视了城乡区域差距的研究内容,从中央与地方政府多方博弈角度,通过财政、经济、社会多个层面探索缩小基本公共服务城乡区域差距的财政对策。本书所研究的基本公共服务从城乡与区域层面涵盖的类别较为齐全,为厘清各变量间的相互关系，通过分别测度基本公共服务城乡差距指数、基本公共服务区域差距指数并探究城乡区域差距形成的原因与作用机制，较为全面地分析缩小基本公共服务差距效应的实现机制，并提出相应的财政对策。

第二，对基本公共服务供给差距的研究采用了从城乡到区域的双层面研究视角。现有文献多从单一角度进行分析研究，本书针对城乡区域差距的不同属性与特性，全面分析其在基本公共服务研究领域中的共性与个性。以共性角度分析在财政体制因素下，基本公共服务城乡区域差距问题；以个性视角分别探究地方政府行为偏好对缩小区域差距的效应、缩小城乡经济差距对缩小城乡差距的效应，以期全面对基本公共服务差距问题进行系统性研究。

第三，通过基础与拓展模型对缩小基本公共服务城乡区域差距财政政策问题进行两阶段实证研究。本书将动态空间计量模型等方法分别引入缩小基本公共服务城乡区域差距的基础性研究，再根据城乡与区域的个性特点与属性，分别运用空间动态计量模型与 Logit 分阶段模型进行拓展性实证分析，较为全面地分析对基本公共服务城乡区域差距产生影响的财政机制。

1.4.2　不足之处

本书对缩小基本公共服务城乡区域差距命题展开研究，提出了缩小基本公共服务城乡区域差距的财政对策和建议，取得了一定的研究成果，但是由于各方面因素的限制，还存在以下不足之处。

第一，书中对城乡与区域的基本公共服务评价体系构建，是根据历史数据的可获得性与连续性选取指标。但是，基于城乡与区域的基本公共服务的具体指标在数据获得性的限制条件下，很难构建统一的城乡与区域的基本公共服务评价体系，对一些更具说服力的指标或者可能需要纳入基本公共服务评价体系的指标没能最终实现统一考量，虽然书中考虑到这一点，并作了些许处理，但仍存有疏漏。

第二，对新近出台的财政制度和政策实施效果评价不足。当前，中国正处于各项改革和政策的密集出台时期，受各项政策和制度实施时间较短以及量化存在困难等客观条件的限制，研究财政体制和制度改革等对缩小基本公共服务城乡区域差距问题还需进一步观察政策的后续效应。

第2章　缩小基本公共服务城乡区域差距财政介入的理论阐释与作用机理

本章侧重构建一个基本公共服务与城乡、区域差距间内在逻辑的理论框架与现实基础，力求融合财政学、经济学、管理学等学科的相关理论，探究我国基本公共服务城乡区域差距的财政政策效应。通过分析财政机制、城乡经济二元体、区域禀赋差距与城乡区域差距的生成机制，并解释财政分权、财政自给能力与转移支付对基本公共服务城乡区域差距的作用机制或传导途径，尝试对我国基本公共服务城乡区域差距的态势作出自洽的理论解释。

2.1　概念区分与内涵分析

本节主要对公共服务、基本公共服务以及城乡差距与区域差距的概念、范围、属性等作出界定与分析。

2.1.1　公共服务与基本公共服务

2.1.1.1　公共服务

西方经济学中，绝大多数学者对公共服务的内涵界定是基于公共产品或公共物品的基本特征来确定的，在西方学术界，公共物品与公共服务更被视为等同互换的定义，说明两者间具有相互联系、密不可分的关系（Mankiw，2010，2011；高鸿业，2004）。公共物品与公共服务可以互换通用，但需要注意的是，两者在经济学中并不完全重叠相等，具体来说，公共物品和公共服务在供给中的税收与支出机制有着显著不同。公共物品（public goods）理论源于西方，这一概念由英国经济学家大卫·休谟（David Hume，1739）在《人性论》中首次提出。美国经济学家萨缪尔森（Paul A Samuelson，1954）对公共物品的概念进行了明确的界定，他指出，"对于纯粹公共物品，它是单一消费者都可消费的物品，并且这个过程不会导致其他人对该物品消费的减少"。

随后，国内外的学者对公共物品的概念与特征的界定提出了自身的见解。有一些学者常通过比较公共物品与私人物品的特征来对公共物品进行定义。在经济学中，通常通过评判这类物品是否具有排他性（excludability）和竞争性（rivalry）来区分私人物品和公共物品。私人物品是消费者使用这类物品时，一方面，会占用其他使用者消费的供应量；另一方面，由于受市场经济供需原则的限制，消费每一单位该物品的边际成本均不为零。而公共物品则恰恰相反，大部分学者把公共物品理解为在消费中既存在非排他性（non‐excludability）也具有非竞争性（non‐rivalry）的属性。经济学中，公共物品的"非排他性"是指当消费者在消费这类产品时，无法排除他人也同时消费这类产品；"非竞争性"是指消费者对该类产品的消费并不减少它对其他使用者的供应量，意味着，增加每单位消费的边际成本为零。也有部分学者认为，公共物品不是同时具备这两种属性。美国著名经济学家詹姆斯·布坎南（James M Buchanan, Jr., 1965）认为，公共物品与私人物品的供给不同，消费者对这类物品的消费与需付的货币间不存在直接联系，公共物品应具备非排他性或者非竞争性。根据不同的分类标准，公共物品同时具备非排他性与非竞争性的属性被称为纯公共物品；公共物品仅满足非排他性或者非竞争性一类属性被称为混合公共物品。混合公共物品可进一步划分为两类，一类为具备非排他性与竞争性的拥挤性公共物品，另一类为具备非竞争性与排他性的俱乐部物品。

上文中对公共服务的概念界定与公共物品的认定并不完全相同，因此，对于公共服务的定义并没有统一的标准。当前，国际上将公共服务界定为，"政府部门将教育、卫生医疗等公共资源或公共基础设施给予对其存在公共需求或者主观偏好的社会群体的行为"。国内也有一些学者对公共服务的含义进行了界定。江明融（2006）指出，公共服务应该是政府部门以服务为宗旨向社会消费者群体供给均等的公共服务。陈昌盛和蔡跃洲（2007）认为，政府提供的公共服务不应该考虑种族、文化、居民收入水平与经济地位的差距，而应为社会大众提供普遍享有、公平的均等化公共服务。

2.1.1.2 基本公共服务

（1）基本公共服务概念的界定。公共服务与基本公共服务之间存在明显的包含关系，基本公共服务是公共服务中重要的组成部分。在 21 世纪初，"基本公共服务"作为专有名词被首次提出并沿用至今。由于对基本公共服务的界定包括内涵和外延，理论界尚未达成一致，因此很难对其进行国际标准的界定。公共服务包含广义与狭义的定义，而基本公共服务中"基本"二字对公共服务进行了条件的限定，它解决的是在特定条件下应为公民提供何种公共服务的问题。《国家基本公共服务体系"十二五"规划》（以下简称《规划》）曾给出"基本公共服务"的内涵，《规划》指出，"在建立一定社会共识的基础上，由政府主导提供的并与经济社会发展水平和阶段相适应的，旨在保障全体公民生存和发展需求的社会性公众服务"。因此，本书研究的基本公共服务可以被理解为"所有能保障全体公民的生存与发展并与民生密切相关的公共服务"。

（2）基本公共服务范围的界定。基本公共服务概念的解读往往是根据其范围予以定义的，而基本公共服务范围应根据人权和相关法律体系来进行界定。首先，应依据道义性与普适性的人权特征赋予基本公共服务兼容性。道义性人权可以理解为政府应保障社会公民享有最低生活限度与生存发展标准的权利；普适性人权可以理解为政府应公平、公正、平等地对待每一位社会公民，公民享有公共服务机会与效果应该是相互平衡的。其次，许多发达国家都已将基本公共服务涵盖的生存与发展权纳入法律体系中。例如，瑞典《医疗保障法》《教育法》等法律制度规定，所有瑞典公民无论经济状况如何，居住地是农村还是城市，在医疗卫生、基本社会保障、教育上都享有平等权利。德国《基本法》规定，把社会医疗、失业、养老保障福利作为国家制度的一项基本原则，并确保全体公民在全国范围内享有大体均等的公共服务权利。加拿大《宪法》中明确规定，把为全国公众提供均等化的医疗卫生、教育、社会保障作为联邦政府的主要职责之一。因此，基本公共服务属于人权中最低标准的内容，应将其列为相关公共服务的法律体系，以强制性地保障公民享有公共服务在供给数量与质量的平等。

通过比较与借鉴不同国家和中国城乡区域对基本公共服务范围的界定，包括各国定义的基本公共服务范围内容、我国在基本公共服务的建设与实践发展中对全国基本公共服务范围的界定，以及国内一些学者在城乡间或区域间的限定下对基本公共服务范围的补充，本书在界定区域与城乡的基本公共服务范围时，将区域的基本公共服务的范围分为公共教育、卫生医疗、公共文化、社会保障与就业、基础设施、环境保护六个方面；将城乡基本公共服务的范围分为城市的公共教育、卫生医疗、社会保障、基础设施与环境保护，农村的公共教育、卫生医疗、社会保障、基础设施与环境保护 8 个方面（见表 2 - 1）。

表 2 - 1　不同国家和中国城乡区域对基本公共服务范围的界定比较

不同国家和中国城乡区域	文献或会议资料来源	基本公共服务范围
西方发达国家	隋心（2015）	加拿大规定，基础教育、社会保障服务与公共医疗为联邦政府对公民的基本公共服务供给的主要内容，其中，把公共医疗供给引入市场机制，由联邦政府与私人机构共同提供医疗的保障与服务
	晏荣（2012）	瑞典以市场经济为主导，把就业、教育、医疗卫生、住房等方面列为基本公共服务的工作范围

不同国家和中国城乡区域	文献或会议资料来源	基本公共服务范围
西方发达国家	晏荣（2012）	美国根据事权对基本公共服务范围进行分类，其中，联邦政府向社会提供国防、全国性的社会福利服务；州政府负责提供社会服务、基础设施建设服务；地方政府对社会公民提供基础教育、地方治安、地方基础设施服务等公共福利项目
中国	《国家基本公共服务体系"十二五"规划》	一般包括保障基本民生需求的教育、就业、医疗卫生、计划生育、社会保障、住房保障、文化体育等领域的公共服务；广义上的基本公共服务，除了以上几方面的公共服务外，还包括与人民生活环境密切相关的公共服务，如公用设施、环境保护、交通、通信等，当然，保障安全需要的国防安全、公共安全、消费安全也属于广义基本公共服务
中国	中共十六届三中全会《关于构建社会主义和谐社会若干重大问题的决定》	把公共文化服务、基础教育、公共卫生服务、就业服务、社会保障、公共基础设施、社会治安、生态环境等列为基本公共服务
中国	《"十三五"推进基本公共服务均等化规划》	把包括义务教育、公共医疗卫生和社会保障、住房保障和社会服务等八个领域的 81 个项目纳入基本公共服务范围。规划从供给主体、供给目的、供给约束性的角度界定了基本公共服务概念
中国	迟福林等（2008）	基于我国从生存型社会向发展型社会过渡的背景，划定了基本公共服务的范围和内容
中国城乡间	孙久文（2010）	根据对各类城乡基本公共服务需求的必要性和层次性，把城乡基本公共服务分为两大类。第一类主要旨在保障城乡居民基本的生存与发展权得到实现与满足，包括基础教育、公共卫生医疗、社会保障、公共就业服务四类；第二类主要是基于最低生存与发展权得到满足后，通过完善城乡居民生活与安居条件，政府提供的包括公共基础设施、公共文化服务、公共安全、基础法律服务以及环保公共服务在内的各项基本公共服务

不同国家和中国城乡区域	文献或会议资料来源	基本公共服务范围
中国区域间	李拓（2017）	根据比较不同区域的特征与差距，在确保不同省份、直辖市等居民享有大体公平与均等的原则基础上，把基础设施、环境保护、科技通信、文化生活项目列为"硬性"基本公共服务；把公共教育、公共医疗卫生与福利保障项目列为"软性"基本公共服务

2.1.2　城乡差距与区域差距

2.1.2.1　城乡差距

城乡是行政区划分的一种地理范畴，其中，城镇是指在我国市镇建制和行政区划的基础上，经规定划定的城市和镇；乡村是指我国划定的城镇地区以外的其他地区，乡村包括集镇和农村。一般来说，在研究缩小城乡差距问题上，城乡的范围界定基于地理位置，目的是使城镇居民与农村居民均可享受到大致平等条件的基本生存与发展权利。城乡融合、统筹发展是世界经济发展、社会进步的共同趋势，世界各国都在不断加速第二、第三产业城镇化的就业转移，城乡发展差距逐渐缩小。随着现代经济的高速发展，城乡的特性还涉及社会经济、基础教育、社会保障、文化生活等方面的发展因素，因此，城乡差距可以理解为城镇与农村不同群体在基本生存权（人均可支配收入）、基本发展权（公共教育、医疗、文化）等存在的差距，城乡基本生存权与发展权的差距将直接影响城镇与农村不同受众群体的生活水平与公共福利，低效率的生活经济环境与公共福利水平不利于城乡融合与统筹发展，最终导致基本公共服务城乡差距逐渐拉大。改革开放后，政府越来越意识到城乡发展的不均衡会带来城乡融合发展的停滞，因此，政府通过实施一系列政策来缩减城乡经济差距。从图 2 – 1 可以看出，1992 年以前城镇与农村居民人均可支配收入的差距较小，随着经济的高速发展，城乡间经济差距日益增大，2019 年我国城镇居民人均可支配收入为 4.236 万元/人，而农村居民人均可支配收入为 1.602 万元/人，仅为城镇的 37.82%。

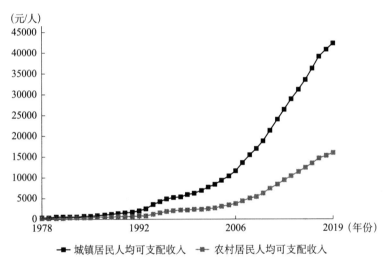

图 2 – 1 我国城镇与农村人均可支配收入比较

资料来源：国家统计局。

2.1.2.2 区域差距

基本公共服务的非均等化问题与城乡差距、区域差距都有着一定的关系。研究基本公共服务城乡区域差距必然要考虑到城乡化与区域性的特征。区域是行政地区、地理位置的一种理论抽象的表述，继第一、第二、第三次产业革命后，区域的特性是根据自然禀赋优势的形成、不同属性的经济分区的建立以及人才资本力量的聚集等若干属性的不断叠加下形成的。因此，区域差距可以理解为各地区经济水平上的差距与高级人才资源的差异、经济水平与人才资源的差异程度，这些差距会直接影响各地区居民的社会福利与生活质量的差距；低水平的社会福利与生活环境条件会不利于各地区聚集经济资本与人才资源，会进一步导致基本公共服务在不同区域的差距。根据《2020 年中国城市统计年鉴》数据显示，2019 年人均 GDP 超过 15 万元的城市有 11 个，其中，人均 GDP 超过 20 万元的城市只有 1 个，即深圳（20.68 万元），其余 10 个城市从高到低依次为珠海（18.08 万元）、无锡（18.01 万元）、苏州（17.99 万元）、鄂尔多斯（17.94 万元）、南京（16.51 万元）、北京（16.29 万元）、广州（15.85 万元）、上海（15.74 万元）、长沙（15.42 万元）和武汉（15.20 万元），可以看出，经济发展高水平地区仍集中在东部和部分发达的中部地区。根据恒大研究院基于各城市人才流入占比、人才净流入占比、应届生人才流入占比、海归人才流入占比四个指标的加权计算得出的《2019 年中国人才吸引力指数》，全国人才吸引力排名前 5 的城市为：上海（100）、深圳（85.3）、北京（78.7）、广州（75.1）、杭州（69.5），可以看出，东部地区是全国人才集聚核心地带。而在人均 GDP 与人才吸引力前 100 的城市中，西部地区的占有量很少。以上数据可以说明，我国区域内部发展的不平衡与各区域经济与人才资源的发展差距有着密切的关系，这将直接影响各地区间不同群体的福利和基本生存与发展水平，不利于缩小基本公共服务区域差距，如图 2－2 所示。

那么，要有效实现缩小基本公共服务区域差距效应的目标，专注于搞平均主义，对不同区域的群体受众给予"一刀切"的公共服务供给, 明显是不理性也是不现实的。在充分认识与比较不同区域间的差距特征后, 一定程度上允许不同区域存在一定程度的差距水平, 结合中国的国情与实际情况, 可以将其理解为不同地域的受众群体在满足生存与发展的基础条件下, 社会能为这些群体供给大致公平的基本公共服务, 使其都能实现自身的满足感与社会福利的最大化。

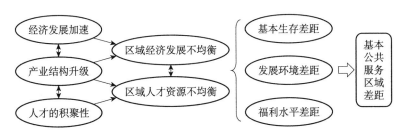

图 2 - 2　基本公共服务区域差距影响机制

这种由不同的经济社会发展水平、城乡二元经济结构体系等一系列因素导致的城乡层面的巨大经济差距会成为经济可持续发展的巨大阻力, 同时, 也意味着缩小基本公共服务城乡差距必定是一个长期动态的过程, 如图 2 - 3 所示。

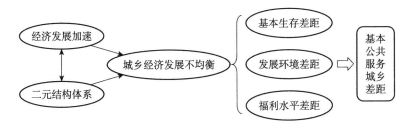

图 2 - 3　基本公共服务城乡差距影响机制

要实现缩小基本公共服务城乡差距效应的目标, 首先就要解决城乡的经济差距问题, 而仅仅依靠缩小城乡不同群体的能力差距或者依靠提升农村居民的工作努力程度达到缩小经济差距目标是不够的。同时，也应注意的是，缩小基本公共服务城乡差距并不是完全没有差距，这并不等同于平均主义，应该理解为在城镇与农村的不同受众群体在满足生存与发展的基础条件下，社会能为这些群体提供大致均等的基本公共服务，使其都能实现自身社会福利的最大化。

2.2 我国基本公共服务城乡区域差距的生成机制

基于我国基本公共服务在城乡区域差距的特点，本节在厘清财政体制对基本公共服务城乡区域差距的生成机制基础上，再根据城乡区域差距的个体特性从区域禀赋差距、城乡经济二元体的角度分别进行基本公共服务区域差距、基本公共服务城乡差距间的机制分析，旨在从财政体制、区域与城乡的特性等层面探寻基本公共服务城乡区域差距形成的机制基础。

2.2.1 财政体制与基本公共服务城乡区域差距的机制分析

财政体制对缩小我国基本公共服务供给差距具有十分重要的作用。财政体制变革对基本公共服务供给能力与水平具有不可忽视的重要影响。在不同财政体制框架下，基本公共服务供给能力、供给水平以及供给方式都会受到相应的影响。

2.2.1.1 我国财政体制的演变

计划经济时期，虽然地方政府是一级独立行政主体，但其事权与财权都受中央统一管理，因此各级政府在基本公共服务供给中的财政支付能力由中央决定予以分配，使城乡、区域的基本公共服务供给的差异程度未见明显增加趋势。计划经济时期财政体制表现出"高度集中"的稳定模式，基本公共服务供给国家承担、各地平均分配的总体现状，在此期间并未出现中央与地方实质性的财权划分。

中国实施经济体制转型后，对公共财政体制的若干方面都进行了渐进式改革，打破了传统体制下中央统一管理、高度集中的财政体制形式，建立了"财政包干、分灶吃饭"的财政体制形式，明显调动了地方政府在公共服务领域财政投入的积极性。这一时期，各级地方政府不仅受中央财权的分配，而且各自拥有经济资源支配的权力，这一体制下的改革也确立了地方政府成为一级独立的利益主体。这也表明，地方政府对基本公共服务支出的总量与支出占比可以根据区域禀赋的差距来实施。与计划经济时期相比，"财政包干、分灶吃饭"的财政体制导致了中央财政收支占全国财政总收支比重减小，凸显了地方政府财政分配与行政能力。由于各地区经济发展水平不同，各级地方财政能力差距较大，城乡、区域间在基本公共服务供给的差距也在不断扩大。

我国市场经济体制建立后，也迎来了财政体制持续性改革。而 1994 年实施的分税制财政体制改革对基本公共服务发展具有里程碑式的意义。分税制改革根据税种性质，按照其归属明确划分中央、地方政府独立的财政收入来源，并遵循事权原则划分中央与地方政府间的财政支出内容与各自承担部分，而收支不平衡的部分，通过构建规范的转移支付制度，弥补财政不匹配造成的缺口，有助于规整中央与地方间财政能力的分配。分税制财政体制改革最直接、最明显的效果是，中央财政总收入占全国财政总收入的比例较改革前有大幅提升，中央的集中协调管理能力也得以提升。1994 年分税改制后，转移支付机制在协调地方政府财力的影响上效果十分显著，它不仅会有效扩大各地政府对基本公共服务财力支出占比，还有助于缩小基本公共服务在城乡区域的差距。

2.2.1.2　政府异质性行为理论

财政分权体制诱发了地方政府的异质性行为，使得城乡区域间的财权力量与政府公共支出行为出现差异，进一步导致了基本公共服务在城乡区域间的差距问题。

（1）异质性对基本公共服务城乡差距的理论分析。在城镇化发展的背景下，城乡基本公共服务非均等化发展取决于现行的财政机制。中央对农村地区的财政转移支付将地方政府财政机制反映到所在辖区与相邻辖区的农村家庭中，从而对城乡基本公共服务产生直接与空间异质性影响。若从辖区居民是否实现福利最大化的角度来看，地方政府应重视并有效缩小城乡差距所带来的影响，通过缩小城乡各个辖区的经济差距来提升地方政府对辖区居民的财政投入。而辖区居民基本生活水平的提升意味着对基本公共服务的需求拥有更强的货币支付能力，这样一来，地方政府可以将更多财政资金向农村家庭倾斜，进一步减少基本公共服务的城乡间差距。但是，地方政府对晋升激励的政治绩效追求的不断增加，以及中央权力下放使地方政府拥有更多财政自主权，会导致经济、人力和公共服务资源优先向城区倾斜，进一步加大城乡的差距。

（2）异质性对基本公共服务区域差距的理论分析。在假定其他条件不变的情况下，基本公共服务区域非均等化发展不仅取决于财政机制，地方政府的支出偏好会将政府的价值观反映到所在辖区与相邻辖区的财政支出领域，从而对区域基本公共服务产生直接和溢出影响。若从辖区居民是否实现福利最大化的角度分析政府支出偏好，那么政府支出行为可以分为满足辖区居民对公共服务需求偏好的、偏离辖区居民对公共服务需求偏好的、与辖区居民对公共服务偏好完全相反的三类政府行为，本书讨论的主要是前面两种常见的政府支出行为。

地方政府的财政支出一般倾向于有利于经济基本建设类的生产型基本公共服务，如交通与运输支出，这类支出不仅能直接反映地方经济发展指标，还可通过提升当地公共服务的硬件水平吸引更多的资源与投资。同时，基于政绩指标的度量与评价具有长期持续性这一特点，地方政府会增强对其辖区居民的民生福利与保障，增加对本辖区居民在科教文卫等社会型基本公共服务需求的支出，但由于此类财政支出不利于当地政府实现短期经济收益，可能不会成为政府支出主要的优先倾向。通常情况下，地方政府支出行为可能会偏向于能在短期内刺激经济发展的生产型基本公共服务而非社会型基本公共服务，这说明地方政府的支出偏好与我国实行的特有分权模式是高度相关联的。

政府异质性行为不仅表现为地方政府对本辖区基本公共服务支出的偏好，而且相邻地区政府支出行为对本辖区地方政府在基本公共服务支出上也具有空间异质性影响，如图2-4所示。

为了刻画更真实的地方政府支出行为，以及剖析区域基本公共服务差距形成的系统因素，图2-4显示了高收入水平区域与低收入水平区域政府对生产型和社会型公共服务支出的投入程度，进一步呈现出不同区域间政府支出行为存在的空间溢出异质性。

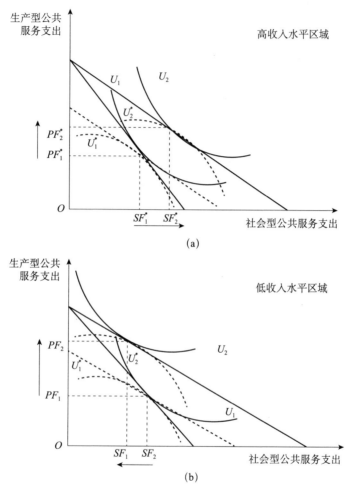

图2-4 基于政府异质性行为下的公共支出选择模型

其中，U_1,U_2 分别表示地方政府增加社会型基本公共服务支出时可获得的效应水平；U_1^*,U_2^* 分别表示地方政府增加生产型基本公共服务支出时可获得的效应水平；SF_1,SF_2 表示社会型基本公共服务供给量；PF_1,PF_2 表示生产型基本公共服务供给量。在图2-4中，基于经济学中的消费者均衡原理，为了比较不同区域间政府支出偏好的异质性，将图 2 - 4（a）设为高收入水平地区，将图 2 - 4（b）设为低收入水平地区，假定两个区域的地方政府目标都是促进经济发展（无差异曲线水平向上平移，收入水平总体提升），在财力有限的约束条件下，可以看出，无论是高收入水平区域还是低收入水平区域的地方政府，都倾向于能在短期内实现经济收益的生产型基本公共服务供给。但是，不同收入水平下地方政府对两类基本公共服务供给有着显著的区别，低收入水平地区的地方政府在财力极为有限条件下，会减少对科教文卫等社会型基本公共服务的供给，减少至 $SF_2 SF_1$ 的供给量。该地方政府为了吸引社会资本投资，会大大增加对交通运输等生产型基本公共服务的供给，增加至 $PF_1 PF_2$ 的供给量；而对于高收入水平地区，在"经济与人力资本竞争"模式的驱动下，地方政府也会偏向于增加对生产型基本公共服务的供给，增加至 $PF_1^* PF_2^*$ 的供给量。同时，为了吸引更多的高级人才，也会为提升辖区内居民的社会福利水平而增加对社会型基本公共服务的供给，增加至 $SF_1^* SF_2^*$ 的供给量。综上所述，不同区域间的政府支出偏好与经济水平差距的异质性共同形成了基本公共服务区域的供给差距。

近年来，我国对教育、医疗卫生、社会保障等公共服务财政投入持续增加，基本公共服务均等化也在逐步推进。由于政府对城镇与农村的财政支持机制存在异质性行为，加之我国农村人口长期以来在教育、卫生医疗保障等基本公共服务的弱势地位，导致基本公共服务供给无法匹配农村人口对其日渐增加的需求程度，农村人口容易陷入"贫困—受教育程度低下—健康恶化—更加贫困"的循环之中。因此，总体而言，城乡间基本公共服务供给差距仍然较大。那么,我国的城乡基本公共服务资源的非均衡分布与贫困人口的区域差距存在怎样的联系?是否存在空间异质性?如果存在,实现缩小基本公共服务城乡差距目标的作用机制应如何呈现?这些问题的解决对我国缩小基本公共服务城乡差距、调整和完善国家绝对与相对减贫战略与政策具有重要的意义。本书将从经济发展水平、财政分权与财政转移支付机制等多方面剖析政府异质性行为对缩小基本公共服务城乡差距的影响因素,并提出相应的财政对策与建议。

2.2.2　区域禀赋差距与基本公共服务区域差距的机制分析

首先,不同区域间的基本公共服务供给状况与其地区的经济禀赋有着密切联系。就我国当前的国情来看,不同地区间的经济发展程度与水平的差距较明显,当地政府的财政政策目标也有显著不同。经济发展程度相对较低的区域,政府注重经济增长,以及强调财政投入对当地经济发展是否存在较大贡献,因此,在一般性公共服务支出中,该辖区的地方政府主要依靠增加基础设施建设来吸引更多投资,实现当地经济的发展,这也会对邻近区域基本公共服务供给产生间接溢出效应。而经济发展程度相对较高地区,政府会把发展重心与增长方式从追求 GDP 产值的粗放型经济增长逐渐转变为更关注经济质量的集约型经济增长,并且更加重视当地的基础教育、卫生医疗等基本公共服务的发展,注重基本公共服务供给与需求的均等化发展。

其次,不同区域所在辖区居民对基本公共服务的需求程度也不同,绝大多数基本公共服务供给与需求都是与具体的经济系统相互作用的。基本公共服务需求是指在一定价格水平条件下，民众对基本公共服务有消费的动机且有支付能力的需求。民众对基本公共服务需求与对一般商品需求是有明显区别的。在同一经济市场中，所有个体对一般商品的需求量是在市场价格的决定下形成的；所有个体对一般商品的需求程度是在市场价格固定的条件下，根据个体的收入水平，对商品的偏好以及受相关商品的价格等因素的影响形成的。而基本公共服务是具有非竞争性与非排他性的，所有个体对基本公共品的需求量不受市场价格的影响，即基本公共品的市场价格为零；对基本公共品的需求程度也受个体自身收入水平、家庭收入水平、受教育程度等因素的影响。人们对公共服务的需求具有层次性，当个体对底层带来的公共服务（良好的公共环境等）需求得到满足后，个体的福利条件不断提升，必然将进一步追求对高层次公共服务（义务教育、健康医疗、高等教育等）的需求（李华和张靖会，2008）。目前，我国在基本公共服务供给机制评价上的不足并非是受益对象有意隐瞒其真实偏好所致，而是政府在机制设计上对政策受益者在基本公共服务上的不同需求程度的认知不足，导致基本公共服务供需结构失衡而产生的。从理论上看，人们对基本公共服务的不同需求与基本公共服务的需求收入弹性密切相关。因此，科学评价并借此改善基本公共服务供给与需求不均衡状态，研究财政机制在不同区域的基本公共服务需求收入弹性差异，具有很强的现实指导意义。

地方政府对基本公共服务供给产生的异质性行为也是导致基本公共服务区域差距的一个重要原因。在现在的财政机制下，由于区域间经济禀赋的差距，当地方政府拥有财政支出权力后，政府间对基本公共服务供给的偏好异质性也随之产生。例如，我国东部地区的地方政府主张对基础设施的财政支出要低于中部和西部地区，特别是对欠发达的西部地区而言，发展经济是其第一要务，该地区的居民个人收入水平普遍较低，对基础教育、卫生医疗等基本公共服务的需求远不如对收入增加的需求。同时，当地政府通过增加基本公共服务投入来吸引投资的概率较东部地区低，因此，当地的财政支出在一般基本公共服务支出的比重会比较小。而东部地区居民的个人与家庭收入水平较高，其对基本公共服务的需求已从基础教育转变到高等教育、医疗卫生、文化的需求，当地政府为吸引高级人才也会关注当地居民对基本公共服务需求程度的转变，并不断提升基本公共服务供给的数量与质量，不断满足当地居民对基本公共服务供给的需求。

2.2.3 城乡二元体与基本公共服务供给城乡差距的机制分析

2.2.3.1 二元经济理论

"二元结构"是荷兰社会学家与经济学家波克（Booke）在1933年最早提出的。美国经济学家威廉·阿瑟·刘易斯（William Arthur Lewis，1954）在《劳动无限供给条件下的经济发展》中指出，部门分析模式可用来评价人口呈规律性流动趋势和人口流动对地方经济发展的影响，基于此他构建了二元经济结构下的人口流动模型。他认为整个社会产业经济结构分为工业经济和农业经济，由于欠发达国家或地区存在人口禀赋远超出资源禀赋的现状，剩余廉价劳动力在工资刚性条件下仍会增加对工业部门的人口流动，这种农业部门中过剩劳动力向工业部门流动的问题成为二元经济发展的重要驱动力。随后，在 20 世纪 60 年代，陆续有经济学家对二元经济理论进行了扩展与延伸。拉尼斯和费景汉（Ranis and Fei，1964）对刘易斯模型进行了扩展，他认为传统的农业经济部门可以为工业部门同时供给剩余劳动力和农业品，而劳动力的转移将导致农业部门的劳动资源减少，要确保农业剩余的稳定性就要激发农业部门提升劳动生产率的积极性，因此，此时的二元经济需要结合农业部门与工业部门的相互影响来分析人口的流动规律。美国经济学家乔根森（Jogenson，1967）对刘易斯模型、拉尼斯和费景汉模型两者共同提出的工资刚性假设条件进行了修正，并在原有的二元经济理论基础上提出了农业提升生产力效率会对工业部门发展具有积极影响，并鼓励农业与工业部门应重视技术进步效应以完善城乡二元经济体制。

2.2.3.2 我国城乡二元经济结构改革滞后

我国传统经济模式有着鲜明的城乡二元结构性特征。改革开放以后，随着我国社会主义经济的不断发展，尽管城乡二元体制在不断改革，但我国独立的城乡经济结构体系与传统的户籍制度阻碍了改革进程，二元经济体制改革滞后也一定程度抵消了经济的发展对城乡基本公共服务均等化的效果。我国的城乡二元经济体制改革滞后有几个重要原因。首先，在二元体制下，伴随着二元金融体制和二元财政体制的出现与发展，城市与农村相互独立的资源配置机制依然存在；改革开放后，随着城镇化的发展，我国为了缓解城乡二元矛盾，相继提出了一系列对策与措施并将其应用到市场经济中。但是，由于我国传统二元结构根深蒂固，市场经济在短期内也很难缓解其矛盾。城乡二元经济体制相互独立的特性导致城市与农村在当地基本公共服务供给体系上的不兼容性加强，使城乡在基础教育、卫生医疗、社会保障与就业等关乎民生生存与发展的基本公共服务领域产生的负外部性增强。资源与人才禀赋富余的城市地区不会将剩余的公共资源转移给农村，基于政府财政压力，城市地区会挤占农村人口的基本公共服务供给，这将对实现缩小基本公共服务城乡差距目标产生长期不利的影响。其次，户籍制度的历史问题仍然存在。我国传统的城乡人口户籍条件限制一定程度上缓解了大批农村人口涌进城市导致的城市地区产业发展的就业压力，但这一制度的存在也同时约束了城市与农村相互间的人口流动性，并且不利于城乡对基本公共服务机制的优化。随着改革开放和我国市场经济体制的改革与发展，民营经济取得飞速发展，国有企业也在改革中初见成效，市场经济体制改革和城镇化发展的目标使人力资源的需求不断扩大，原本因户籍制度约束农村劳动力流动至城镇的限制条件也逐渐降低甚至消失。尽管如此，传统的户籍制度长期以来对城市与农村人口限制残留的效应依然存在。就社会保障体系而言，近年来我国已经对农村社会保障体系进行了改革，降低了农村人口对卫生医疗、社会养老机制享受的门槛，增加了对农村地区社会保障投入的力度。例如，我国逐年增加对农村居民享受新农合医疗制度和养老金制度等供给的比重，但较城市人口对医疗与养老机制的保障力度而言，我国对农村地区的基本公共服务供给的投入还满足不了农村人口对其的需求程度。因此，户籍制度的传统特性不利于缩小基本公共服务城乡差距的目标实现，需要对其进行调整与优化。

2.3　基本公共服务供给中财政作用的理论阐释

本节介绍了基本公共服务供给中财政作用的相关理论。通过社会公正理论、福利经济学理论与新公共服务三大理论，把财政学、经济学、政治学与管理学等多学科纳入统一框架中，为解释我国基本公共服务区域与城乡差距问题提供了一个全新的理论视角。

2.3.1　财政作用的天然逻辑与基础

依据范围的不同，社会公正的内涵分为广义上的社会公正与狭义上的社会公正。广义上的社会公正，是指"社会机体"意义上的公正，泛指经济、政治、文化、社会等领域中的公正；狭义上的社会公正，是指"社会机体"中单一社会领域中实现社会公正。约翰·罗尔斯是 20 世纪 70 年代对哲学界产生重要影响的思想家，正如他在《正义论》中所说："正义是社会制度的先行价值，就如同思想体系的先行价值是真理一样。"作为现代社会发展的基石，社会公正成为一种准则得以存在基于两个理论依据：一是体现个体的种族尊严与基本贡献并确保每个公民的基本权利和发展的基本机会的平等理念，此理念守住了公正原则的最基本底线，是社会公正的重要理论依据；二是确保每一位公民根据自身的个体特征获得全面与自由发展的自由理念，尊重个体差异对于现代社会实现真正意义上的公正具有重要意义。从这两大理论依据来看，人们主要存在两方面的基本价值取向和普遍福利偏好，包含人的基本尊严与生存底线被公正对待的需求和人的多样化发展方面的需求，分别称为普惠性公正和差距性公正。可以看出，公平正义论为基本公共服务的社会价值标准提供理论与价值参考。

第一，普惠性公正要求每个个体在平等对待的前提条件下，使所有人共同享受社会带来的福利，这样才能使社会整体得以全面发展。罗尔斯也认为，"每位社会成员都具备正义的不可侵犯性，这种不可侵犯性就算从社会整体利益的角度考量也无法逾越"。这与基本公共服务供给在社会各辖区实现均等化的原则是一致的，只有确保地方政府对本辖区的公共服务的供给实现大致平等对待的原则，政府通过再分配、税收等方式为辖区居民提供公平的义务教育、公共卫生、社会保障与就业等公共服务，才能有效实现缩小基本公共服务差距的目标。

第二，差距性公正要确保个体对多样化的需求与发展环境得以保护，使每个社会辖区内个体能追求自身多样化的生存和发展模式，并且随着社会整体福利水平的提升拥有充分的包容和保护。在我国，由于城乡间、区域间经济发展水平等方面存在差别，一些地区或行政级别单位基于禀赋优势吸引力法则，长期倾向于对具备竞争优势资源地区增加基础教育、卫生医疗、文化服务等基本公共服务的供给，这样会导致对不具备资源优势地区的基本公共服务供给被挤出和基本公共服务供给差距的加大。因此，对不同地区公共服务资源配置不能实行"一刀切"的方式，应该根据不同辖区的差距特征和对社会的贡献程度等比重来进行相对均等化的供给。

2.3.2　财政作用的根本目的

福利经济学是西方经济学家自 20 世纪以来从总体福利或效率出发以实现社会福利最大化为其目标，研究不同经济状态下的社会合意性的经济理论（哈维·罗森，1992）。福利经济学的发展历程也为基本公共服务的研究奠定了理论基础。

旧福利经济学的代表人物庇古（Arthur Cecil Pigou，1912）把福利经济学理论建立在可以用基数来衡量比较效用大小并且可估计其总效用水平的基数效用论的前提条件上。旧福利经济学主要表现在两个方面：一是认为一国国民收入总量的大小与国民收入的分配方式对衡量社会福利的大小有着至关重要的作用，简单来说，一国国民收入总量的增加和趋于均等的国民收入分配方式可以有效提升社会福利水平并实现社会福利最大化；二是为经济中存在的外部性提出了解决方案，指出社会资源配置应遵循效率原则，即合理对待经济行为中产生的边际私人成本与边际社会成本和经济行为中获得的边际私人收益与边际社会收益指标。这一论述表明，基本公共服务是连接社会福利与国民收入的媒介，国民收入总量越大，地方政府拥有的财力权力越大，社会福利提升的机会也就越大，基本公共服务供给的差距也将逐渐缩小。具体来说，地方政府可以通过财政支出的直接投入或财政转移的间接支付增加对贫困家庭公共教育、公共卫生医疗、社会保障等基本公共服务供给，并根据受益群体在公共服务方面的不同需求程度，有效地配置公共服务资源，在边际社会成本最小化的条件下实现社会福利最大化。

新福利经济学理论是建立在无差异曲线理论和认同个人福利

不可量化的序数效用论基础上的，通过"帕累托改进"和"帕累托最优"对资源进行有效配置以实现社会福利均衡。帕累托有效的标准是，若政府提出某一项公共政策会使一部分的福利水平提升的同时又不使其他人的利益受损，则该项公共政策是有效的。但是，在现实的公共机制体系下，往往一项政策的推行在使一部分人受益的同时会使另一部分人的境况变差，这就要通过补偿机制用受益者得到的收益弥补受损者的损失并且确保补偿后还留有结余，那么这项公共政策将最终有助于社会福利的提升。最早提出补偿问题的是美国经济学家霍特林（Hotelling，1938）。卡尔多（Kaldor，1939）对其进行了拓展与补充，认为补偿问题与福利经济学存在密切关系。具体来说，由于存在经济上、地域上的差距，地方政府通过财政支出对辖区居民提供基本公共服务以解决地方对公共服务供不应求的问题，对于经济发展水平高的地区来说，这项公共政策可能是有效的。但对于收入水平低下地区，政府追求经济发展注重经济建设而忽视公共服务领域的投入，这种情况就需要中央对地方政府通过财政转移支付对其进行补偿以弥补经济欠发达地区受到的损失，这样才能有效减少基本公共服务供给的差距，提升社会整体福利。社会福利函数理论的提出也为研究基本服务供给提供了新的思路。由法国哲学家柏格森（Henri Bergson）和美国经济学家萨缪尔森（Paul A. Samuelson）分别提出的社会福利函数试图解决收入分配不均造成的福利水平低下情况。他们认为，资源配置和收入分配共同影响了社会整体的福利水平，社会福利函数主要反映在个人福利函数上，要实现社会福利最大化，就要考虑个体在公共服务的不同需求层次和偏好差异情况，以实现个人福利最大化，最终才能实现社会福利最大化。随后，肯尼斯·约瑟夫·阿罗（Kenneth J. Arrow）提出了将社会每个个体的偏好次序综合成整个社会的偏好次序的不可能性定理。20 世纪下半叶，阿马蒂亚·森（Amartya Sen）开辟了后福利经济学，这也为基本公共服务供给提供了重要的理论基础。他认为，实现社会福利最大化不仅要注重当前每一个社会个体或群体已经满足对基本公共服务的需求，更要注重其可能在基本公共服务领域中存在的潜在需求。

2.3.3 财政作用实现的客观机制

2.3.3.1 新公共管理理论

20 世纪 70 年代末以来，随着公共事务所涉及的领域变得更加广泛，传统的公共管理理论已经无法支撑社会大众对基本公共服务产生的新需求的合理性，20 世纪八九十年代，世界范围兴起了"新公共管理思潮"，美国学者戴维·奥斯本和特德·盖布勒（David Osborne and Ted Gaebler，1996）在《重塑政府》中对美国近 30 年改革经验总结出十条政府改革的思路。随后，西方发达国家也进行了行政改革，新公共管理论随之发展起来。胡德（Christopher Hood，1991）在《一种普适性的公共管理》中最早提到了"新公共管理"。对新公共管理内涵的界定一直以来都十分广泛，它既可以表达一种新的公共管理理念，又可以表达为一种具有价值的实践活动。新公共管理体现的是对涵盖全体社会成员的公共利益以及公共需求等一系列公共事务进行管理，重点强调对公众利益进行有效的增进并公平的分配。

费力耶（Ewan Felie，1996）在《行动中的新公共管理》一书中提出，新公共管理模式有四类公共行政模式，包括：（1）小型化与分权模式，表现为主张通过分权与分散式地建立政府职能以提升政府监管的灵活性；（2）以效率为驱动，强调公共部门与私人部门的合作与竞争；（3）以公共服务为使命，将公共部门管理理念与其他服务于公共服务部门的观念相融合；（4）卓越目标模式，强调文化、价值等在政府的管理与变迁中的重要性。

市场机制条件下，新公共管理在公共部门的定位、作用机制与基本公共服务如何实现最小差距的供给与分配是保持一致的，具体表现为两种情况。第一，新公共管理中构建公共服务提供的竞争机制为缩小公共服务供给差距提供了实现机制。政府的公共部门通过与民营部门的合作与竞争，以竞争招标的方式吸引民间资本进入公共基础设施建设领域，有助于对公共服务领域实现充足资本投入以增加公共服务的供给总量；通过市场机制来检验政府公共部门对公共服务的供给质量与水平，以对政府绩效的量化来提升公共服务的产出效率；政府应建立公共服务的承诺机制，通过对公共部门特别是非营利性的公共服务行业提供的服务标准、程序、内容等面向社会公众的承诺，成为弥补竞争机制中存在的不完善的补救机制，以保障公共服务高质量与高水平的供给。第二，新公共管理中发挥政府有效管制职能也为公共服务供给遵循公共性原则提供了监管条件。政府通过良好的法律与秩序对公共品市场进行有效监管，保障社会公众对公共品的利益需求，规范市场中以损害社会总福利为代价的行为，在满足任何社会个体或群体对公共服务需求的同时，又提升了社会的总体福利。新公共管理的理念给予我国基本公共服务供给领域的启发是，政府公共部门履行政府职能时应学习引入竞争机制，通过顶层设计，共同合作努力去实现缩小基本公共服务差距的目标，而不是采用以损害公平与效率原则为代价的包揽包办、"一刀切"式的行政职能。

2.3.3.2　新公共服务理论

公共服务最终目标是实现社会公共利益的最大化，提升公共服务的均等化水平，而新公共管理理论强调对绩效目标的量化，现实中很多的公共服务项目在评价产出、成本时很难进行估量，并且夸大了市场机制在公共服务管理中的效用，也忽视了市场失效的不可控性。21 世纪初期，登哈特夫妇（Robert B and Janet V Denhardt）提出了新公共服务理论。新公共服务理论对新公共管理的理论来源进行了批判，认为新公共管理理论主张的公共部门运用私营部门的管理经验进行统一管理无法解决公共部门中遇到的所有问题，同时认为，新公共管理理论是以"理性经济人"为假设前提下建立的理论基础也存在缺陷。登哈特夫妇认为，政府的管理机制应强调社会全体公众与其他群体间的共同利益，并且成为实现各种群体与全体公众利益"重叠"与对话的服务组织。

登哈特夫妇在 2004 年出版的《新公共服务：服务而不是掌舵》一书中对新公共服务区别于新公共管理的特征进行了论述，主要表现在以下三方面。第一，服务而非掌舵。其主张政府应该作为公共管理中的中介者或调停者来协助社会公众明确自身的公共利益并满足社会所有群体对公共服务领域的共同利益，而不应该试图主导社会公共事业与公共机制发展的方向。第二，服务于社会公众而非顾客。其强调政府在公共部门的管理与作用不是追求公共项目的生产率最大化，政府的所有者是社会大众，政府应根据公众对公共服务多样化、动态的需求对社区公共资源进行有效、公平的配置。第三，民主的管理与服务。其倡导社会全体公众应积极参与到政府公共部门的公共机制的讨论与制定中，政府应主动收集社会公众对公共服务的多样化需求与偏好信息以及设计出能解决公共机制中存在的缺陷的可行性方案，这样设计的公共政策可以注入更多的创造力，能真正提升社会公众的福利水平。新公共服务理论对我国缩小基本公共服务差距的借鉴价值在于，政府在设计公共机制与实施公共决策前，应该多听取社区居民对公共服务的诉求与建议，让全体公众参与公共政策的设计与制定，坚持"政体价值观"；同时，政府应作为媒介联合公共部门、非营利部门以及市场主体，共同有效解决社区公共服务供给问题，做好公共服务领域"服务人"的角色。

2.3.3.3 新公共治理理论

新公共服务表述的内容注重理论的沉淀与发展，忽视了对实践性具体方案的运用，因而公共服务探讨的理念无法适应21世纪公共服务多样化、多元化的供需现状。奥斯伯恩（Stephen P Osborne, 2013）在充分分析了新公共管理与新公共服务理论的优劣势后，首次提出了"新公共治理"理论。他认为，新公共治理理论是借鉴了新公共管理理论与公共行政的理念内容与实践经验并综合了新公共服务的内涵，建立了"服务主导"的基本思想。新公共治理理论从政府治理、社会治理和共同治理三部分探讨市场、政府、社会多方参与并协同合作对公共服务事务进行共同治理，它更加注重公共服务在实践中的指导性和服务特性，通过比较并且结合显性公共品的差异特征分析隐性公共品在重塑公共服务中的重要作用。

新公共治理理论从四个方面对其内涵进行阐述。第一，以公共服务激励为导向。主张政府部门应对社区居民提供公共服务的机构、专业人员、营利企业等采取导向性的激励措施。具体来说，通过对公共服务供给的数量与质量进行评价与度量，对评选的业绩奖励方式可以通过获得货币性或者培训、晋升等福利给予显性激励，也可以通过使其在职业荣誉、工作满足感中给予隐性激励。第二，以公共服务问责机制为约束。强调政府公共部门在对社会提供公共服务时，有义务对社会全体公众公开其公共服务供给的相关信息，并对公共服务供给中存在的低效或失效行为主动接受问责与惩罚。第三，以公共服务监督为抓手。主张对公共服务供给的过程与结果进行法律监督，以减少政府在公共服务供给中的失效行为。具体来说，公共服务的监督是以法制为导向监视公共服务供给的数量、质量与种类等是否能满足社区居民对公共服务多样化、复杂化的需求，有效督促公共服务的供给实现优化配置的行为。第四，以公共服务规则为标准。主要强调通过对公共服务领域制定相关的规则与制度，修正市场中存在的负外部性、信息不对称等状况导致的公共资源配置的低效率。新公共治理理论对我国缩小基本公共服务差距的借鉴经验是，我国政府部门在提供公共服务过程中要对其进行有效的监管，并对实现公共服务最优配置的公共服务机构或人员给予一定的奖励，同时，也应对在公共服务投入中不积极的公共服务部门采取相应的惩罚措施，这有助于实现我国基本公共服务缩小差距的目标。

2.4　基本公共服务供给中的财政机理

在我国基本公共服务的发展历程中，基本公共服务供给内涵、供给程度、供给范围、供给效果等在城乡间、区域间均存在着明显的差距。因此，本节对基本公共服务城乡区域差距的财政机理进行探究，旨在从财政分权机制、财政自给能力与转移支付层面，探寻使基本公共服务在城乡间与区域间产生较大差距的财政作用。

2.4.1 财政分权机制对基本公共服务城乡区域差距的作用机理

2.4.1.1 传统的财政分权、政府行为与公共品供给理论

财政分权建立在政府职能或事权基础上，中央政府给予地方政府一定独立的财政收入与支出范围，并在符合经济效率与公平的原则下允许其自主决定预算支出规模与结构，使地方政府能相对自由地选择其所需要的政策类型，并积极参与社会管理，以改善社会服务效率。财政分权理论是为了解释地方政府存在的合理性和必要性，弥补新古典经济学原理不能解释地方政府客观存在这一缺陷而提出来的，即解释为什么中央政府不能按照每个居民的偏好和资源条件供给公共品，实现社会福利最大化，从而论证地方政府存在的合理性和必要性。图 2 – 5 为中央与地方政府分别对社会提供公共品的有效性的比较，其中，i,j,m 为不同的各级地方政府；Q_i,Q_j,Q_m 为不同地方政府分别对其本地提供的公共品数量；Q 为中央对社会提供的公共品数量；U_i,U_j,U_m 为各地政府对其本地居民提供公共品所得到的效应曲线；E^* 为边际效用最大化时的居民人口数量。可以看出，在财政分权机制的作用下，各级政府通过对本地区居民直接提供地方性公共品，有助于地方政府根据本地居民对公共品的偏好与实际需求来合理地提供公共服务，实现社会效应的最大化。

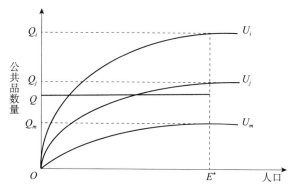

图 2 - 5 财政分权理论下公共品供给有效性比较

（1）马斯格雷夫（R A Musgrave）分权研究。马斯格雷夫以政府职能为出发点，论证了中央政府和地方政府各自存在的必要性。马斯格雷夫（1959）在《财政学原理：公共经济研究》一书中提出，地方政府要对本地供给公共品，应确保自身财政收入足够支撑其职能的执行。马斯格雷夫（1973）还在《财政理论与实践》中提出了"最佳配置职能"的财政分权理论。他认为，要建立一个高效的分权财政机制，需要确定每个社区对公共品供给的最佳规模。确定最佳规模应考虑两大因素：一是在既定的公共品供给水平下政府应享受成本递减的优势；二是社区居民承担拥挤程度递增带来的影响。因此，要建立高效率的分权财政机制，应对不同的公共品供给规模和范围设立多级财政政府职能，其中，中央应负责宏观调控全国性的公共品供给与收入分配，地方政府应承担区域性公共品的资源配置。这样，有助于整体社会福利的提升。

查尔斯·蒂布特（Charles M Tiebout）认为，马斯格雷夫的分权研究中有两点不足。首先，他假设中央政府应承担公共品供给的公共财政支出,但实际上各地区大部分的财政支出都是地方政府履行的;其次,在确定公共品最优规模问题上,尚未解决社区居民对公共品的需求程度与偏好问题,在经济学"人是理性人"的假设条件下,容易产生消费者对公共品的"搭便车"行为。

(2)查尔斯·蒂布特"用脚投票"理论。国外学者大多以蒂布特模型作为研究公共物品最优收益时的理论依据。查尔斯·蒂布特(1956)认为,各级地方政府对公共物品实现最优供给时,首先,要建立七大假设条件,即双重身份者、具备投票与消费的居民对各辖区"收入与支出"拥有完全的信息、所提供的公共物品不存在外部性、居民自由流动不受就业的限制与约束、居民辖区呈多样性、居民辖区都可通过降低平均成本吸引新居民、每一种社区服务模式都存在一个最优社区规模。其次,在此假设基础上,各辖区人口的流动性增强促使各地居民通过自身对职业、生活环境的偏好选择自由迁入或迁出,同时也会承担流动所带来的税收与消费的成本。由于辖区居民与各级政府对公共物品的供求信息是透明的,这样一来,各级政府对公共物品的供给问题可以当成类似多个辖区政府财政支出与财政分权政策和政府行为偏好形成的竞争体系,而辖区居民既是投票者又是公共品的消费者的"双重身份者",使他们可以"用脚投票"(在社区的迁出、迁入)表达对公共物品的需求程度,以刺激当地政府提供满足居民最大需求的最优公共品数量,实现效用最大化的目标。该理论的预期结果为:财政分权体制下,各级政府通过相互良性竞争,有助于改善政府对公共品供给的效率,政府部门将提高对社会公共品的供给数量与质量使居民充分流动,各个社区都达到均衡时,公共品总供给与总需求达到相等状态,那么公共品供给的难题就能通过"双重身份者"以脚投票这种类似于完全竞争市场的方式得以解决。蒂布特模型中地方公共品供给机制可以用图2-6来说明。

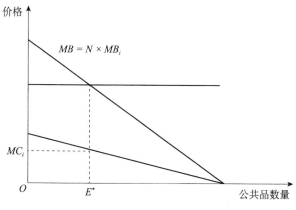

图2-6 蒂布特模型公共品供给机制

蒂布特分权理论一定程度上发展并完善了马斯格雷夫关于公共品的理论,指出了中央与地方政府在公共品供给上的异同,在类比于完全竞争市场的假设条件下,解决了新古典框架内通过市场竞争对公共品进行有效配置的难题(用脚投票),为国内外学者对地方政府行为的研究开辟了新的视角。但通过理论联系实际的角度来考虑,也存在几点不足。首先,在经济学中,很多近乎理想化的假设条件在实践中几乎是不存在的,包括信息是完全的、把市场类比为完全竞争市场、产品不具有外部性以及不考虑就业限制等。其次,最优社区规模是用最低平均成本估算出来的,没有考虑报酬递减规律这一假设前提条件。最后,模型中的社区居民的可完全流动性与地方政府财税自主权,对于其他国家的实际情况而言,是不太适用的。

（3）奥茨（Oates）分权定理。奥茨（1972）在《财政联邦主义》中提出了著名的分权定理：分权供给公共产品的最优边界在于不同地方政府对公共品的差异供给形成的边际收益和依据外部性形成的边际成本相等的区域。分权定理设置了两点基础条件：一是基层地方政府比上级政府在社区居民对公共品偏好的认知上更为清晰；二是分权机制下不仅能激发地方政府给当地提供高效的公共服务，还有助于提升公共项目管理的质量。在此基础上，他认为对特定公共品来说，满足消费设计全国地域的所有人口的子集并且中央与地方政府对其公共品的单位供给成本保持相等，就可以确保地方政府对当地社区居民供给的公共品要比中央对全国人口供给相等的公共品更有效率，即达到经济学中的帕累托最优状态。原因在于，与中央政府相比，地方政府对当地社区居民的偏好更熟悉，这样更能满足不同社区居民对公共品数量、类别等需求，有助于实现其福利效用最大化。

奥茨的分权定理的不足之处在于：要实现公共品供给的帕累托最优，各地政府必须满足高效履行其政府职能，且中央要给予地方政府高度的收入自主权以及建立具有法律约束的财政法律框架等条件，然而，这对于许多欠发达的国家与地区来说，这些条件都是很难满足的。

（4）乔治·施蒂格勒（George Joseph Stigler）最优分权模式菜单。乔治·施蒂格勒认为，地方政府可以对当地公共品的供给进行有效配置，以达到社会福利的最大化。施蒂格勒（1957）在《地方政府功能的有理范围》中，从政府本身与民众需求两方面对地方政府财政层级制存在的必要性提出了必要的解释：一国国内不同社区的居民可以对公共品供给的种类与数量根据自身的偏好进行投票表决；相比较于中央政府，地方政府要更了解当地居民的需求，从而可以对其不同的需求信息进行特定的资源配置。

（5）詹姆斯·布坎南（James Mcgil Buchanan）"俱乐部"理论。詹姆斯·布坎南的"俱乐部"理论是指把社区当成为分享特定成果而联合聚集的一个俱乐部协会，可以在其中确定最优社区规模（俱乐部会员量）的一种理论。他认为，当一个社区（俱乐部）迁入新的居民（新俱乐部成员），那么就容易降低社区居民（总俱乐部成员）共同承担的成本与税收，但是同时也容易给现有的社区居民（旧俱乐部会员）造成资源的拥挤与挤兑，带来外部不经济的结果。一个最优的社区规模（俱乐部会员量）应界定在迁入新居民（新俱乐部成员）通过共同分担成本形成的边际收益与由此产生的外部不经济形成的边际成本的均衡点上。

（6）传统财政分权理论的过渡。传统的财政分权理论主要围绕规模经济与经济外部性、辖区间相互竞争与垂直分工、辖区间居民可流动性以及偏好的异质性等特征展开了一系列的讨论，忽视了政府对公共品供给的偏好行为，没有考虑政府对公共品供给所需的财政与政治激励，导致陷入集权与分权机制决策的两难困境。随着政府异质性行为与财政分权间产生新问题，财政分权理论有了新的发展。

2.4.1.2　转型中的财政分权、政府行为与公共品供给理论

（1）转型中财政分权体制的财政激励。新制度经济学认为，制度创新的逻辑起点在于现存制度框架的非均衡制度供给满足不了经济、社会发展对相关制度的需求，需要打破现有制度框架，修正和不断完善供给新制度才能获取现存制度框架下很难实现的

潜在利润。地方政府履行政府职能并承担公共品的有效供给职责，这与地方政府是否具备配套的财政资源呈正相关关系，一个有效的政府财政结构应该使实现地方政府的财政激励与满足社区居民社会福利相兼容。自 20 世纪 80 年代以来，财政分权在基本理论、研究实践、分析方法等方面有了新的发展，对政府的税收与支出行为、政府职能的划分等方面也进行了新的讨论与研究。

第一，划分政府的税后与支出责任。对于原来由联邦政府负责收入税、州政府负责消费税、地方政府负责财产税的划分原则并不符合各国现实的情况，一些国外学者认为，社区居民在辖区间的高流动下，单一辖区财政支出决策可能会对其他辖区产生税收溢出的影响，会产生外部不经济（R Gordon，1983；Inman Rubinfeld，1996）。要减少财政决策对各辖区产生税收输出等外部性影响，地方政府应该加强对依靠居民税种的征收，而不是依靠来源税种的征收，这是因为前者对基于居民所在辖区的商品和服务以及生产要素进行征收，而后者对交易市场中的商品和服务以及生产要素进行征收。但是，后者因易于管理而普遍性地被地方政府所采用（Inman Rubinfeld，1996；Weingast，1995；Mckinnon Ronald，1997）。奥茨和施瓦布（Oates and Schwab，1991）指出，地方政府从经济效用的角度应把中心放在对流动社区居民征收的收益税上而不是非收益税，并且应加强基于公共品供给产生收益的高流动性对社区居民征收收益税的监管。

对于政府支出行为所产生的财政激励而言，特蕾莎·特尔 - 米纳西安（Tcresa Ter - Minassian，1997）指出，中央对地方政府的支出责任下放，不仅能反映出对地方政府支出行为的肯定，使其在公共品的配置中发挥效用最大化，而且还能对当地政府产生财政激励，使其提升福利性收益。但坦齐（Tanzi，1996）认为，地方政府管理行为能力不强，无法为完全性高的公共支出管理体系形成良好的作用，可能会不利于财政分权后的收益。

第二，分配政府职能。奥茨（Oates，1999）发现，自 1950 年后中央对地方政府职权与职能下放的范围在逐渐扩大。1996 年建立的美国资助穷人的收入分配机制，其资助手段与规模选择就是由联邦政府形式的政府职能逐渐转变为由州政府来履行其职能。在欧洲的许多国家中，《马斯特里赫特条约》也已承认财政分权中对公共机制产生的分配补贴职责应下放至下级地方政府来执行。财政分权政策的下放之所以在世界各地逐渐发展开来，理由是能为地方政府带来经济收益。具体来说，较中央政府而言，地方政府对各自管辖的居民偏好与供给公共品所花费的成本信息更熟悉。同时，由于辖区居民偏好与各地属性的异质性，要实现高效的公共政策的资源配置，就应对不同辖区更具差异性的特点进行与之匹配的公共品供给，而宪法的约束使中央对异质性辖区仅供给同质的公共品，很难对其进行差异化的公共配置，容易导致公共政策失效和带来福利损失。当然，也有一些学者对财政职能的下放行为所产生的影响保持自身的观点。坦齐（Tanzi，1996）指出，政府财政职能的下放所带来的经济收益小于因此所产生的成本，可能使宏观调控管理与收入再分配造成额外的损失。此外，新的职能划分模式很难界定地方政府对公共品供给分配职责的正确性。

（2）转型中的财政分权体制的政治激励。奥利维尔·布兰查和安德鲁·施莱弗（Olivier Blanchard and Andrei Shleifer，2000）认为，财政分权对地方政府带来的高效益不仅仅依赖于税后分配与政府支出职责下放所产生的财政激励，还需依靠政治上的某种集中。世界上绝大多数国家都倾向于使用财政分权机制，而中国的财政分权体制改革有着自身独有的特点。比较中、俄两国的财政分权机制会发现，俄罗斯因缺乏对地方政府强有力的政治集权能力，容易导致地方政府对公共品高效配置的偏离，从而对当地经济发展带来损失；而中国中央政府对下级政府职能的下放则有助于高效监管地方政府的支出行为，使其政治激励发挥出最大效用。

承认对地方政府存在政治激励，这在代理经济学理论中属于中央与地方政府的委托代理关系。财政分权中的委托代理机制的设计是由诺贝尔经济学奖获得者里奥尼德·赫维茨（Lennid Hurwicz）、埃里克·马斯金（Eric S Maskin）和罗杰·迈尔森（Roger B Myerson）共同设计与发展出来的。这项机制设计的主要观点是在完全信息、自由交换与选择分散化的决策机制中，设计出一个能使委托人（中央政府）与代理人（地方政府）的目标趋于一致的有效经济体制。在委托人与代理人都满足自我约束的条件下，可通过博弈的方法驱使所有参与者的决策行为都符合预期的最优目标。当然，要实现财政分权机制下的最优公共政策，通过行使委托代理方式在委托人与代理人相互传递信息时可能会导致成本的增加，那么，就必须要考虑如何降低机制运行的成本以提升信息效率的问题。同样，在既定的机制下，若代理人理性执行委托人提出的公共品供给配置等多项任务，就可能达到占有策略均衡，使代理人与委托人都能实现自身目标的最大化（Hurwitz，1972）。

2.4.1.3 财政分权机制对基本公共服务城乡区域差距的作用机理

（1）财政分权机制对基本公共服务城乡差距的作用机理。城市与农村在事权与支出责任划分上界定不明晰，也会带来基本公共服务城乡差距。长期以来，农村地区对基本公共服务的责任划分以"宜粗不宜细"为导向，没有形成清晰和客观的责任划分机制，这不仅会影响农村地区事权与支出权责下放时基本公共服务供给的具体支出配额，导致农村基本公共服务供给的失效，也影响财政分权理念在农村基本公共服务供给支出权责的实践应用。因此，农村地区在这场支出权责的博弈中处于最不利的地位，在农村地区支出责任划分的法律体系本就存在缺陷的基础上，农村与城市的基本公共服务供给差距不断拉大。

（2）财政分权机制对基本公共服务区域差距的作用机理。一般情况下，对于自有资金相对缺乏的欠发达地区而言，地方政府对上级政府财政依赖性更高，而经济发展较发达地区的本级政府支出能力较强。资金不足的落后地区，因财政依存度高，对中央或上级政府的基本公共服务项目补助资金存在挤出效应，其基本公共服务的供给明显不足；而自有资金相对充裕的发达地区因财政依赖性较低，对当地基本公共服务项目的财政支出比重可能会超出中央或上级对基本公共服务项目援助支出，这会使中央或上级政府将更多的空闲资金投入到该地区的基本公共服务项目中，这也导致基本公共服务区域差距不断扩大，不利于基本公共服务均等化的发展。

2.4.2　财政自给能力对基本公共服务城乡区域差距的作用机理

2.4.2.1　财政自给能力对基本公共服务城乡差距的影响

我国改革开放 40 余年，经济飞速增长，国家的财政力量在不断增强，财政支出结构也在不断完善优化。但从财政自给能力来看，农村地区对财政的自由资金占有率仍然存在不足。2000年，全国各地区开始对农村地区进行税费改革试点工作，对农村地区基础教育等基本公共服务的财政投入进行一系列的改革，这些改革一方面使上级政府对基本公共服务供给权责层层下放，加大了县级以下政府的财政权责，另一方面使原本财力薄弱的基层县、乡镇政府对上级的财政转移支付等补助性手段的依赖性不断增大，进一步加大了农村地区对基本公共服务供给财政投入的缺口。从我国的税源来看，东部经济发达地区，如浙江、广东，这些地区小商品经济以及进出口贸易发展非常活跃，为该地贡献了很大比例的税收，这些地区可以带动本地城乡财政能力获得同步发展，对减小城乡的财政能力差距有所帮助。但中部、西部地区的大多数省市的经济发展比较滞后，没有突出、活跃的产业，导致这些地区城乡的财政自给能力严重不足。同时，由于二元经济体制现象的存在，财政资金的紧缺会促使地方政府将获得的来自中央或上级的补助倾向于对城市地区基本公共服务的投入。从财政主体结构发展的动态趋势来看，财政体制仍然是从乡镇、县、市、省级政府财政收入能力自下而上重心上移，财政支出能力则自上而下重心下移的模式。具体来说，财政收入能力整体上移意味着县级政府须将100%的消费税和75%的增值税上缴至上级财政，县级政府主要依靠上级财政对其税收返还等补助手段。长期以来，我国各级地方政府的公共部门在公共机制实施与决策中体现的信息不完全、监管低效等问题，使县级政府将上级的补助转移至县级以下政府部门的难度增大，这将导致县级及以下政府自有财力与该地区对财政投入的需求严重不匹配，而县级、乡镇政府本身财政的"造血"能力不强，导致该地区的财政压力加大。财政支出能力整体下移，促使县级及县级以下政府承担财政支出的责任超出了其自有的财政能力，不仅加剧了城乡政府间在处理财政不均衡关系中的矛盾，还导致乡镇等下级政府的财政自给能力处于地方财政最脆弱的一环，农村地区政府可用于基本公共服务的财政投入被大大挤占，城乡基本公共服务领域的财政投入差距逐渐拉大。

2.4.2.2 财政自给能力对基本公共服务区域差距的作用机理

1994年分税制改革对地区财政自给能力的临界值划分带来了影响。分税制改革前，东部、中部、西部地区，特别是中部、西部地区，财政自给能力的差距不大且临界值较高，不同地区地方政府对中央或上级政府财政依赖性不高。分税制改革后，不同地区的财政自给能力的差距逐渐拉大，中部、西部地区的财政自给能力逐渐降低，欠发达地区的财政自给能力不足，导致投入该地区的基本公共服务的供给能力不足，从而拉大了基本公共服务区域差距。

不同地区财政自给的不同，对基本公共服务供给水平的效应影响也不同。一辖区的财政自给能力强，意味着该地区政府可支配用于基本公共服务的财政税收收入超出了该领域的财政支出，说明该地区依靠自身的财政能力可以与其对基本公共服务供给相匹配。从图2-7、图2-8和图2-9的东部、中部、西部地区的财政自给能力指标来看，2011~2018年，东部、中部、西部的财政自给能力均值分别为0.524、0.278、0.227，其中，东部地区的北京、上海地区平均值均在0.7以上，西部地区西藏、青海地区平均值在 0.15 以下。这说明东部地区基于地方财政税收能力较其财政支出比重大，该地区的地方政府本身的财政自有能力能满足地方基本公共服务供给所需的投入，一定程度上增强了该地区对基本公共服务供给的能力。原本存在资源禀赋、经济差距的东部与中部、西部地区，基本公共服务供给的差距显然是增大了。

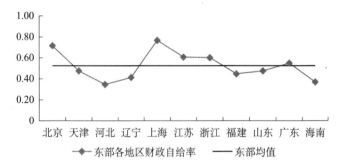

图 2-7 东部 11 省份的财政自给率

资料来源：地方预算执行情况报告。

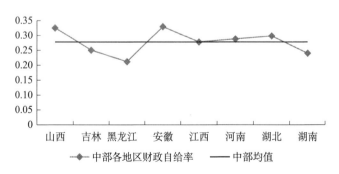

图 2-8 中部 8 省份的财政自给率

资料来源：地方预算执行情况报告。

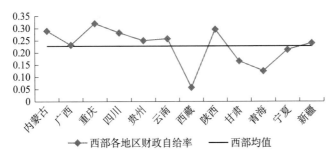

图 2 - 9 西部 12 省份的财政自给率

资料来源：地方预算执行情况报告。

2.4.3 转移支付对基本公共服务城乡区域差距的作用机理

2.4.3.1 转移支付对基本公共服务城乡差距的作用机理

自 2000 年农村地区实施税费改革试点以来，中央或上级政府对县级及以下地方政府的转移支付手段一直是农村地区财政支出的重要补助来源。1994 年的分税制改革通过转移支付机制设计与构建对中央政府在平衡地方财政力量上起到了重要效用。但是，长期以来中央重视对地方政府财政转移机制的效果检验，容易忽视中央或上级政府对县级及以下地方政府财政转移支付机制履行的完成性与实施的差异性，使地方现行的转移支付制度容易按照统一模板层层向下级照搬，使其与当地的实际发展水平很难相适应。

由于县级及以下地方政府设计的转移支付机制对当地基本公共服务项目的瞄准性差，且缺乏完善的法律或规则予以规范其转移支付机制的实施，使农村地区财政转移支付机制很难落实到当地基本公共服务领域。那么，这可能会不断加剧省级地方政府与省级以下地方政府的财政积累差距，加重了原本财力薄弱的农村地区在财政支出上的困难，不利于农村地区对当地基本公共服务的建设与投入。

同时，我国现行的转移支付机制覆盖范围比较狭窄，并且补助下达的约束力很大，中央对县级及以下地方政府的转移支付公共项目主要以基础教育、医疗这类基本公共服务的专项转移支付补助为主。较一般公共转移项目而言，专项转移项目占转移支付的比例会更大，专项转移资金比一般转移资金在实际兑现与操作上更有难度。因此，当转移支付公共服务项目下达到县级及以下地方政府时，基本公共服务项目的完整性就很难得到保障，导致本该下达至县级及以下地方政府的转移支付公共服务项目资金被挤占或者被扭曲使用。此外，由于转移支付项目资金下达需满足一些限制条件，例如，要求地方政府对民生领域提供相应的配套拨款，而往往县级及以下地区政府无力满足配套资金的要求，使得补助资金的下达从省级地方政府又流回了原地，抵消了转移支付项目在缩小基本公共服务城乡差距的效果，导致城市与农村地区基本公共服务供给的差距程度加深。

2.4.3.2 转移支付对基本公共服务区域差距的作用机理

1994年分税制改革以来，转移支付对地区财力、财政支出具有一定的均衡作用。我国的转移支付根据类型来划分，主要包含税收返还、一般性转移支付、专项转移支付以及体制补助等方式。不同区域间政府对财政能力的依存度不同，其财政支出在各地区的占比不同，意味着不同地区的地方政府对中央或上级政府转移支付的依赖性也存在差异。财政分权机制在不同时期演化的进程中，地方政府作为中央政府授权的代理人进行财政机制的设计与管理，其作为行政代理人的主体身份下移和作为独立利益个体的主体身份上移，使履行委托—代理关系后的代理结果与预期目标间的差距很大，地方政府个体利益的驱动力促使其将财政机制的设计与实施会更倾向于经济、人才资源的竞争，导致中央政府对地方政府转移支付的导向发生扭曲，从而使中央政府对地方基本公共服务的专项转移支付资金尽管在逐年递增，但基本公共服务区域差距仍存在。

由于政府行政职能的法律监管机制尚不完善，政府的财政机制的设计与实施缺乏社会公众的参与和监督。这也意味着财政机制从设计、建立到履行阶段缺少完善的法律机制约束地方政府的财政支出行为，没有好的法制环境对政府部门在公共服务领域进行约束与监管。上级政府与下级政府间、政府与社区居民间，通过财政机制设计与实施公开的信息没有体现完全性和透明性。由于政府财政行为信息的不完善，中央对地方转移支付在基本公共服务项目中的资金预算内容公开性、透明性不足，且存在地区差异。对于欠发达地区而言，地方政府对转移支付在教育、卫生医疗、社会保障等基本公共服务方面投入与使用的细节内容没有做到透明，使中央对地方政府转移支付原本是用于当地基本公共服务的发展可能会被用到促进当地经济建设与发展中去。由于缺乏完善的可度量财政转移支付效果的问责机制，因此，中央层面很难有效监督地方政府对一般性转移支付资金的使用是否合乎最初目标和社区居民的需求，并且也很难把控其对专项转移支付资金运用是否做到与本地实际发展水平相匹配。这导致原本应用于基本公共服务的专项转移支付实际中被地方政府的其他行为所挤兑，抵消了转移支付对缩小基本公共服务区域差距的效果。对于发达地区而言，其在转移支付项目的投入使用与具体细节的信息披露上，较欠发达地区而言，可能会体现得更完全。这样，发达地区每单位转移支付在基本公共服务领域上的作用可能会更加明显，这进一步导致基本公共服务区域差距的拉大。

2.5　本章小结

本章对公共服务、基本公共服务以及城乡区域差距等概念进行了界定，通过对基本公共服务城乡区域差距的生成机制进行分析，分别从财政体制、区域禀赋差距与经济二元体的角度分析基本公共服务供给差距在我国城乡与区域间产生的机制与原因，深入剖析基本公共服务城乡区域差距的形成框架与成因。基本结论是，中国独特的财政分权机制为地方政府异质性行为提供了财政与政治双重激励，从而为基本公共服务供给区域与城乡差距趋势提供了制度便利与体制环境。

本章基于社会公正论、福利经济学，以及包括公共服务的理论演化进程中形成的新公共管理、新公共服务与新公共治理理论，有效融合财政学、经济学、管理学等学科内容，从不同角度分析了上述理论与基本公共服务供给中财政作用的内在联系。基本结论是，基本公共服务城乡区域差距的形成受多方面财政因素的作用，在财政分权理论的演变进程中，一国的财政分权机制会对中央对地方政府的基本公共服务供给的资金状况与分配模式产生作用。财政自给能力会影响地方政府对基本公共服务的供给能力，因自有财力差距而造成供给差距；转移支付对缩小基本公共服务差距的作用，因监管体制机制的不完善而造成供给差距。

第3章 基本公共服务城乡区域差距指数测度及空间收敛分析

我国基本公共服务城乡区域差距问题一直以来都备受各界的关注。从我国基本国情来看，基本公共服务存在的城乡间与区域间发展的不均衡仍是现阶段我国亟待解决的关键研究课题。为此，本章通过从城乡与区域两个层面分别测度基本公共服务城乡差距与区域差距指数，根据收敛类型与模型，遵循科学、准确、客观的统计原则，进一步检验我国基本公共服务城乡区域差距水平在考察期间的空间收敛情况。

3.1 基本公共服务城乡区域差距的测度与分析

对基本公共服务供给水平的考察，应全面、科学体现我国基本公共服务供给水平在城乡间、区域间的真实情况，并且可以囊括对基础教育、公共卫生医疗、公共文化服务、社会保障与就业、基础设施、环境保护等能反映民生综合水平的基本公共服务的各个领域及多个维度的综合评价。为此，本节将通过对基本公共服务城乡区域差距指数进行测度，并运用 ArcGIS 10. 2 软件分别分析基本公共服务城乡区域差距指数在不同考察期间的时空异质性变化。

3.1.1　基本公共服务城乡区域差距评价体系的构建

3.1.1.1　基本公共服务城乡差距的评价指标体系

根据《国家基本公共服务体系"十三五"规划》《中华人民共和国国民经济和社会发展第十四个五年规划和 2035 年远景目标纲要》等政府文件中对基本公共服务范围的界定，可基本确认现阶段我国基本公共服务应包括基础教育、公共卫生医疗、公共文化服务、社会保障与就业、基础设施、环境保护六大类。根据构建指标的合理性、客观性、有效性、系统性及数据的可获得性原则，以及参照《中国城乡发展一体化指数——2006～2013 年各地区排序与进展》一书中的中国城乡发展一体化指数指标体系，本书构建了基本公共服务城乡差距指标体系，包括 2 类一级指标、12 类二级指标以及 40 个三类指标（见表 3-1），三类指标是整个指标体系的最低一级的指标，是整个指标体系的基础。

表 3-1　　　　　　　基本公共服务城乡差距指标体系

一级指标	二级指标	三级指标	指标类型
城市基本公共服务差距指数	基础教育	城区初中学校数（所）	正向 +
		城区初中师生比（％）	负向 -
		城区小学校数（所）	正向 +
		城区小学师生比（％）	负向 -
		城区初中教师学历本科以上占比（％）	正向 +
		城区初中仪器设备等固定资产投入（亿元）	正向 +
		城区每千人拥有医疗卫生机构床位数（张）	正向 +

续表

一级指标	二级指标	三级指标	指标类型
城市基本公共服务差距指数	公共卫生医疗	城区每千人拥有卫生人员数（人）	正向 +
		城区每千人拥有卫生技术人员数（人）	正向 +
		城区人均医疗保健支出（元）	正向 +
	公共文化服务	城市广播覆盖率（%）	正向 +
		城市电视覆盖率（%）	正向 +
	社会保障	城市居民最低生活保障人数（万人）	正向 +
		城市居民养老保险参保人数（万人）	正向 +
	基础设施	城市用水普及率（%）	正向 +
		城市用气普及率（%）	正向 +
	环境保护	城市人均污水处理投入（元）	正向 +
		污水处理能力（百万立方米/日）	正向 +
		绿化覆盖率（%）	正向 +
		环卫专用车辆设备（万台）	正向 +
农村基本公共服务差距指数	基础教育	乡村初中学校数（千所）	正向 +
		乡村初中师生比（%）	负向 −
		乡村小学校数（千所）	正向 +
		乡村小学师生比（%）	负向 −
		农村初中教师学历本科以上占比（%）	正向 +
		乡村初中仪器设备等固定资产投入（亿元）	正向 +
	公共卫生医疗	农村每千人拥有医疗卫生机构床位数（张）	正向 +
		农村每万人拥有卫生人员数（人）	正向 +
		农村每千人拥有卫生技术人员数（人）	正向 +
		农村人均医疗保健支出（千元）	正向 +
	公共文化服务	农村广播覆盖率（%）	正向 +
		农村电视覆盖率（%）	正向 +
	社会保障	农村居民最低生活保障人数（百万人）	正向 +
		农村居民养老保险参保人数（百万人）	正向 +

一级指标	二级指标	三级指标	指标类型
农村基本 公共服务 差距指数	基础设施	用水普及率（%）	正向　+
		绿化覆盖率（%）	正向　+
		环卫专用车辆设备（万台）	正向　+

本书以目前我国 30 个省份（除西藏、港澳台地区外）中城市与农村地区的基本公共服务水平为研究对象。空间计量实证分析所需的数据参考 2016～2019 年《中国统计年鉴》、2016～2019 年《中国城市统计年鉴》、2016～2019 年《中国农村统计年鉴》、2016～2019 年《中国教育统计年鉴》、2016～2019 年《中国卫生统计年鉴》、2016～2019 年《中国财政统计年鉴》及 2016～2019 年各省份出版的各类统计年鉴等。

3.1.1.2　基本公共服务区域差距的评价指标体系

基本公共服务主要包含基本公共设施、教育、社保、医疗卫生等涉及基础民生保障等方面。在众多研究以及《国家基本公共服务体系"十三五"规划》《中华人民共和国国民经济和社会发展第十四个五年规划和 2035 年远景目标纲要》等政府指导性文件的基础上，本书从教育服务、卫生医疗服务、公共文化服务、社会保障服务、基础设施服务与环境保护六个方面来阐释基本公共服务的指标体系。科学技术服务指标虽然很重要，但由于各省市部分地区和城乡地区的国家专利技术等数据较难获得，故本书舍弃了这个类别指标。因此，本书将按照全面系统性、客观性和有效实用性以及评价目标的可量化性原则，构建各地级市的基本公共服务水平的综合评价指标体系。同时，考虑到各地区的人口规模会对数据信息产生影响，应该计算绝对变量和各相应地级市的人口规模的比值，以此为依据计算出人均相对指数，并使用公共服务中有代表性的人均相对指标来评价基本公共服务水平（肖建华和李雅丽，2019）。本书构建了基本公共服务区域差距指标体系，包括1类一级指标、6类二级指标以及27个具体指标（见表3－2），具体指标是整个指标体系的最低一级的指标，是整个指标体系的基础。

表3－2　　　　　　基本公共服务区域差距指标体系

一级指标	二级指标	三级指标	指标类型
基本公共服务区域差距指数	基础教育	小学师生比（%）	负向 －
		初中师生比（%）	负向 －
		高中师生比（%）	负向 －
		中小学平均在校生数（名）	正向 ＋
		初中教师学历本科以上占比（%）	正向 ＋
		高中教师学历本科以上占比（%）	正向 ＋
		初中学生人均拥有计算机（台）	正向 ＋
		高中学生人均拥有计算机（台）	正向 ＋
		初中学生人均拥有教学仪器设备投入（亿元）	正向 ＋
		高中学生人均拥有教学仪器设备投入（亿元）	正向 ＋
	公共卫生医疗	每万人拥有医疗卫生机构数（个）	正向 ＋
		每万人拥有医疗卫生机构床位数（个）	正向 ＋
		每万人拥有卫生人员数（人）	正向 ＋
		每千人拥有卫生技术人员数（人）	正向 ＋
		每千人拥有健康咨询服务数（次）	正向 ＋
	公共文化服务	每百万人拥有图书馆数（个/百万人）	正向 ＋
		每百万人拥有博物馆数（个/百万人）	正向 ＋
	社会保障与就业	城镇基本医疗保险参保率（%）	正向 ＋
		城镇基本养老保险参保率（%）	正向 ＋
		城镇登记失业率（%）	负向 －

一级指标	二级指标	三级指标	指标类型
基本公共服务区域差距指数	基础设施	人均拥有道路面积（平方米）	正向 +
		每万人拥有公厕（座）	正向 +
		每万人拥有公交车辆（台）	正向 +
		电话普及率（包括移动电话）（部/百人）	正向 +
	环境保护	城市生活垃圾处理无害化处理厂数（座）	正向 +
		建成区绿化覆盖率（%）	正向 +
		市容环卫专用车辆设备总数（万台）	正向 +

本书以目前我国 31 个省份（除港澳台地区外）基本公共服务水平为研究对象。空间计量实证分析所需的数据参考 2012～2019 年《中国统计年鉴》、2012～2019 年《中国宏观经济统计年鉴》、2012～2019 年《中国区域经济统计年鉴》、2012～2019 年《中国教育统计年鉴》、2012～2019 年《中国卫生统计年鉴》、2012～2019 年《中国财政统计年鉴》及 2012～2019 年各省份出版的各类统计年鉴等。

3.1.2　基本公共服务城乡区域差距指数的测度

3.1.2.1　具体指标的无量纲化处理

由于各个指标具有不同的量纲，无法直接进行数学加总，因此，在对原始指标合成之前，需要进行无量纲化处理。一般情况下，在对评价指标进行无量纲化处理时，通常采用标准化处理法、线性比例法、极值处理法、向量规范法、归一化处理法、功效系数法等方法实现标准化。总体来说，并不存在理想的无量纲化处理方法，与其他方法相比较而言，极值处理法、功效系数法以及标准化处理法这三类比其他方法更为优化，满足客观、真实等原则，并且综合评价水平也较高，这三类方法也广泛应用于各项研究与实践中。本书采用极值处理法来对城乡区域的基本公共服务水平指数的各个指标进行无量纲化处理。采取这种方法对每个单项指标的具体数值进行无量纲化处理后，指标所依据的原始数据信息较少，如单项指标中的取值为最大值、最小值和指标的具体值。指标根据初步判定的类型可分为正向指标和逆向指标，正向指标越大越好，逆向指标则越小越好。指标数据为正向指标时，其计算公式为：

$$Z_i = \frac{x_i - \min(x_i)}{\max(x_i) - \min(x_i)} \qquad (3.1)$$

指标数据为逆向指标时，其量纲化的公式应为：

$$Z_i = 1 - \frac{x_i - \min(x_i)}{\max(x_i) - \min(x_i)} = \frac{\max(x_i) - x_i}{\max(x_i) - \min(x_i)}$$

$$(3.2)$$

其中，x_i 是具体每单项指标，$\max(x_i)$ 和 $\min(x_i)$ 是指标 x_i 的最大值和最小值。经过上述极值法处理后，各项指标分值均与基本公共服务供给综合水平高低呈正相关，指标分值越高，基本公共服务供给综合水平越高；相反，指标分值越低，基本公共服务供给综合水平越低。

3.1.2.2 指数合成的方法和基本公共服务差异水平

在对具体指标经过无量纲化标准化后，需要对标准化后的指标权重加以合成，以确定各级指标的数值与总数值。指标权重加权方法一般包括主观赋权法与客观赋权法。具体来说，客观赋权法可通过主成分分析、层次分析、因子分析等对各级指标进行权重的计算与合成。这类方法的优势在于权重的计算是根据指标本身的数值特性而不是主观的评价，说明这类赋权具备客观性，而基于赋予的客观属性，可能会造成指标的机械式赋权导致缺乏对每个指标在实际中具备不同特性的分析。在实际研究工作中，每个指标的各个因子间既存在相互联系且不能分割的某种内在联系，同时相互之间也保持着一定的独立特性，为此很难通过客观赋权判断每个指标对其研究的重要程度。鉴于此，本书选用主观赋权方法对基本公共服务的分类指标合成指数，通过简单加权平均方法来判断每类基本公共服务子指标对基本公共服务均等化的重要程度并进行权重的衡量，以确定区域与城乡的基本公共服务均等化水平指数，并合成各级指标和总指标。加权算术平均法的计算公式为：

$$\bar{x} = \frac{\sum_{i=1}^{n} x_i f_i}{\sum_{i=1}^{n} f_i} \tag{3.3}$$

由于本书需要衡量我国基本公共服务城乡区域差距程度，各地区的公共服务差距程度如何，最终需要采用统计指标来量度。实践中常用反映离散程度的指标有变异系数、泰尔指数以及基尼系数等，本书运用变异系数方法来反映基本公共服务差距程度。变异系数的计算公式为：

$$CV = \frac{\sigma}{\bar{x}} \times 100\% \tag{3.4}$$

其中，CV 表示公共服务均等化指数，σ 为样本指标数据标准差，$\bar{x}$ 为样本指标数据均值，其计算公式为：

$$\sigma = \sqrt{\frac{\sum_{j=1}^{n} (x_i - \bar{x})^2}{(n-1)}}, \bar{x} = \frac{\sum_{i=1}^{n} x_i f_i}{\sum_{i=1}^{n} f_i} \tag{3.5}$$

变异系数 CV 是一个反向指标，用来反映不同区域、不同地区城市和农村基本公共服务供给综合水平的差异。变异系数越大，说明城乡或区域的基本公共服务供给综合水平越低，城乡或区域的基本公共服务差异水平越高；反之，变异系数较小，则表示城乡或区域的基本公共服务供给综合水平越高，城乡或区域的基本公共服务差异水平越低。

3.1.2.3 熵值法与基本公共服务城乡区域差距指数

克劳修斯（Clausius，1854）最先提出熵的定义与熵值的计算，香农（Shannon）进一步把熵值引入信息论中，命名为"信息熵"。在确定权重时，熵值的优点在于可以有效避免人为的主观性，且能够避免多项指标变量之间所含信息的重叠性。熵值是对某项指标的离散程度的评判，若指标的离散程度越小，该指标的影响力则越小。基本公共服务城乡区域差距程度可以通过信息熵来测度。区域信息熵的计算公式表达式为：

$$E_{s-district} = -\left(\frac{U_i}{\sum U_i} \ln \frac{U_i}{\sum U_i} \right) \tag{3.6}$$

其中，U_i 表示基本公共服务区域均等化水平。熵值越高，表示区域信息分布越分散，基本公共服务城乡差距水平越小，说明基本公共服务区域均等化越高，基本公共服务区域差距越小。

城乡信息熵的计算公式表达式为：

$$E_{s-u\&r} = -\left(\frac{U_u}{\sum U_u} \ln \frac{U_u}{\sum U_u} + \frac{U_r}{\sum U_r} \ln \frac{U_r}{\sum U_r} \right) \tag{3.7}$$

其中，U_u 表示城市基本公共服务水平，U_r 表示农村基本公共服务水平。熵值越低，表示信息分布越集中，说明基本公共服务城乡差距指数越大。当城乡基本公共服务水平相同时，也就是 $U_u =$

U_r ，此时计算得到熵值达到最大化状态： E_{max} ＝ ln2 ，表示为此时城市与农村基本公共服务供给水平的差距处于最低状态。将实际熵值与最大熵值作比，得到的数值作为基本公共服务城乡差距指数，表达式为：

$$\bar{E}_{s-u\&r} = \frac{E_{s-u\&r}}{E_{max}} \qquad (3.8)$$

其中， $\bar{E}_{s-u\&r}$ 值越大，表示基本公共服务城乡差距指数越小。

3.1.3　基本公共服务城乡区域差距指数分析

我国基本公共服务的城乡区域差距问题一直受到政府及各界的关注，为此，本节在基本公共服务城乡区域差距指数测算结果的基础上，从不同考察时期分别对城乡与区域的基本公共服务差距指数进行动态时空分析。

3.1.3.1　基本公共服务城乡差距指数分析

首先，根据上节对指标类型划分以及对城市基本公共服务 20 项指标数据和农村基本公共服务 20 项指标数据进行正向或逆向无量纲化处理，再通过变异系数法计算 30 省份的城市基本公共服务的差异水平与农村基本公共服务的差异水平，最后再根据信息熵法对我国 30 省份的城市基本公共服务差异水平与农村基本公共服务差异水平进行信息集中或离散时的差距指数计算，进一步得出我国基本公共服务城乡差距指数。

从表 3－3 可以看出，根据自然间断点分级法，同样可以将我国城乡基本公共服务差距指数（均等化程度从高至低）划分为五类。其中，北京是我国的行政中心与文化中心，上海是我国的是金融中心，广东是我国第一经济大省，在许多经济指标上都位列各省第一位。这三个地区城乡的基本公共服务均等化指数均位列全国前茅，说明北京、上海、广东的城乡基本公共服务体系也应最为完善，其教育、健康医疗、公共文化、社会保障体系以及基础设施的供给均保持在全国前列。从基本公共服务城乡差距指数（均等化程度从高至低）分布的五大类型中可以看出，处于基本公共服务均等化高水平、较高水平的省份较少，而处于基本公共服务均等化中等水平、较低水平与低水平的省份较多，因此，这些地区的基本公共服务供给的差距程度有待降低。从东部、中部、西部地区划分上，东部地区除福建省外，其他省份的基本公共服务城乡差距指数（均等化程度从高至低）均分布在高水平与较高水平，而中部、西部地区尤其是西部地区包含的各省份的基本公共服务城乡差距指数（均等化程度从高至低）水平较低，初步判定30个省份基本公共服务城乡差距指数与各自经济发展水平、城镇化发展程度、人口密度等也存在负相关性。

表3-3　　　　基本公共服务城乡差距指数分布的类型

均等化水平类型	地区
高水平地区	北京、广东、上海
较高水平地区	江苏、浙江、天津、山东
中等水平地区	四川、湖北、河南、河北、安徽、湖北、辽宁、福建、江西
较低水平地区	广西、山西、陕西、重庆、吉林、甘肃、海南、黑龙江
低水平地区	贵州、云南、内蒙古、新疆、宁夏、青海

3.1.3.2　基本公共服务区域差距指数分析

首先，根据上节对指标类型的划分以及对区域的基本公共服务供给水平包含的27项指标数据进行正向或逆向无量纲化处理，再通过变异系数法计算31省份的基本公共服务的差异水平，得出我国 31 省份的基本公共服务供给差异水平，最后，再根据信息熵法对我国 31 省份的基本公共服务差异水平进行信息集中或离散时的差距指数计算，进一步得出我国基本公共服务区域差距指数。

从表 3 - 4 可以看出，根据自然间断点分级法，可将我国基本公共服务区域差距指数（均等化程度从高至低）划分为五类。其中，北京是我国的行政中心与文化中心，上海是我国的金融中心，这两个地区的基本公共服务均等化水平均位列全国前两名，说明北京、上海的基本公共服务体系最为完善，其教育、健康医疗、公共文化、社会保障体系以及基础设施的供给均保持在全国前列。从基本公共服务区域差距指数（均等化程度从高至低）分布的五大类型中可以看出，处于基本公共服务的高水平、较高水平的省份较少，而处于基本公共服务中等水平、较低水平与低水平地区的省份较多，因此，这些地区的基本公共服务供给的差距都有待降低。从东部、中部、西部地区划分上，东部地区所包含的绝大部分省份基本公共服务区域差距指数（均等化程度从高至低）水平较中部、西部地区高，而中部、西部地区，尤其是西部地区所包含大部分省份基本公共服务区域差距指数（均等化程度从高至低）处于较低或低水平，其基本公共服务区域差距指数均较高，初步判定 31 省份的基本公共服务区域差距指数与各自经济发展水平、城镇化发展程度、人口密度等存在负相关性。

表 3 - 4　　　　　　基本公共服务区域差距指数分布的类型

均等化水平类型	地区
高水平地区	北京、上海
较高水平地区	江苏、浙江、山东、广东、天津

均等化水平类型	地区
中等水平地区	四川、湖北、河北、辽宁、湖南、河南、陕西、海南、黑龙江、山西、福建
较低水平地区	云南、安徽、吉林、重庆、广西、江西、甘肃、贵州
低水平地区	宁夏、青海、内蒙古、西藏、新疆

3.2 基本公共服务城乡区域的空间收敛分析

前面的研究中，通过统计指标测算对全国东部、中部、西部地区间各省城乡差距现状进行时空分析，可以看出，我国城乡区域基本公共服务水平存在一定的空间差距，而这种空间差距在未来的发展中可能会呈现出两种趋势，即空间扩散或收敛。合理识别出这种发展趋势，有助于科学判断我国基本公共服务城乡区域差距发展的基本走向，对于实现城乡区域基本公共服务均等化发展具有重要参照价值。基本公共服务水平的收敛分析也是近年来学术界研究的热点问题。省域层面，辛冲冲和陈志勇（2019）运用 2007～2016 年省级面板数据，通过空间收敛分析得出我国基本公共服务整体非均等化水平呈缓慢下降趋势。范逢春和谭淋丹（2018）通过 2006～2015 年我国城乡面板数据进行 β 绝对与条件收敛分析，指出我国基本公共服务城乡差距水平在考察期间呈现逐年下降的走势。市域层面，冯骁等（2014）通过地级市面板数据分析我国东部城市基本公共服务均等化显著高于西部城市，但总体的差距水平呈现下降趋势。杨晓军（2020）根据考察我国城乡（覆盖 270 个地级市）在 2003～2018 年的基本公共服务供给收敛情况，研究发现我国基本公共服务城乡差距水平具有显著的空间收敛态势。鉴于此，本节在基本公共服务城乡区域差距指数分析的基础上，运用相应的收敛模型，对我国基本公共服务供给城乡区域差距水平的一般收敛与空间收敛进行实证分析。

3.2.1 基本公共服务差距的空间自相关分析

3.2.1.1 空间自相关检验方法介绍

基本公共服务在城乡间、区域间均具备显著的正外部性，溢出效应表现明显，城乡、区域的基本公共服务供给程度在空间上存在某种影响，是非独立的。因此，有必要进行空间相关性分析。本书选取两个指数来检验空间依赖性，并依据其结果判断是否需要选择空间计量模型进行下一步研究。检验数据是否存在空间相关性是进行空间计量模型估计的必要条件，若各变量间存在空间正相关，则空间依赖性越强。目前较为普遍的做法是，利用设定的空间权重矩阵计算"莫兰指数 I（Moran's I）"和"吉尔里指数 C（Geary's C）"指数。采用多个指标对同一考察对象进行研究，可以通过统计分析结果实行对比检验。

莫兰指数 I（Moran's I）表达式为：

$$I = \frac{\sum_{i=1}^{n}\sum_{j=1}^{n} w_{ij}(z_i - \bar{z})(z_j - \bar{z})}{S^2 \sum_{i=1}^{n}\sum_{j=1}^{n} w_{ij}} \tag{3.9}$$

其中，$S^2 = \dfrac{\sum_{i=1}^{n}(z - \bar{z})^2}{n}$ 为样本值的方差，w_{ij} 为空间权重矩阵，

而 $\sum\limits_{i=1}^{n}\sum\limits_{j=1}^{n} w_{ij}$ 为空间权重合集。将空间权重矩阵进行标准化处理后，那么 $\sum\limits_{i=1}^{n}\sum\limits_{j=1}^{n} w_{ij} = n$。则，莫兰指数 I（Moran's I）为：

$$I = \frac{\sum\limits_{i=1}^{n}\sum\limits_{j=1}^{n} w_{ij}(z_i - \bar{z})(z_j - z)}{\sum\limits_{i=1}^{n}(z - \bar{z})^2} \qquad (3.10)$$

莫兰指数 I 表示的空间正相关取值范围在（0，1）间，取值越靠近 1，表明空间相关性越强。当 I > 0 时，且在 1%、5% 或 10% 的显著性水平下显著，表明该样本存在空间正相关性，即，较大的数值与较大的数值相邻，较小的数值与较小的数值相邻；当 I < 0 时，且在 1%、5% 或 10% 的显著性水平下显著，意味着该样本存在空间负相关性，即较高的数值与较低的数值相邻；当 I = 0 时，表明此时空间分布是随机的，不存在空间自相关。这种整体视阈下基于全部空间序列的聚集情况的考量，这种莫兰指数 I 也称为"全局莫兰指数 I"（Global Moran'I）。若基于局部视阈下空间序列聚集情况的考察，还可以使用局部莫兰指数（Local Moran'I），本书主要衡量整体的基本公共服务在城乡间和区域间差距的空间自相关性，故仅用全局莫兰指数 I（Global Moran' I）来进行测量，局部莫兰指数（Local Moran'I）表达式为：

$$I = \frac{(x_i - \bar{x})}{S^2}\sum\limits_{j=1}^{n} w_{ij}(z_j - \bar{z}) \qquad (3.11)$$

吉尔里指数 C（Geary's C）表达式为：

$$C = \frac{(n-1)\sum\limits_{i=1}^{n}\sum\limits_{j=1}^{n} w_{ij}\,(z_i - z_j)^2}{2(\sum\limits_{i=1}^{n}\sum\limits_{j=1}^{n} w_{ij})[\sum\limits_{i=1}^{n} (z_i - z_j)^2]} \tag{3.12}$$

需要指出的是，与莫兰指数 I 不同，吉尔里指数 C 的核心成分是 $(z_i - z_j)^2$。吉尔里指数 C 的取值一般在（0，2）。当 C > 1 时，且在 1%、5% 或 10% 的显著性水平下显著，表示该样本呈负相关；当 C < 1 时，在 1%、5% 或 10% 的显著性水平下显著，表示该样本呈正相关；当 C = 1 时，表示完全不相关。

3.2.1.2　基本公共服务城乡差距的空间自相关检验结果

从表 3 - 5 全局 Moran's I 和 Geary's C 指数均可以看出：核心指标基本公共服务城乡差距指数 2015 ~ 2018 年均呈现显著的正向空间自相关。因此，可以利用空间计量模型对 30 省份存在的空间溢出进行进一步实证分析。

表 3 - 5　　　　基本公共服务供给城乡差距的空间自相关结果

年份	Moran's I			Geary's C		
	I	Z	P	C	Z	P
2015	0.510 ***	4.584	0.000	0.397 ***	-4.158	0.000
2016	0.511 ***	4.601	0.000	0.393 ***	-4.172	0.000
2017	0.509 ***	4.584	0.000	0.395 ***	-4.153	0.000
2018	0.508 ***	4.587	0.000	0.395 ***	-4.138	0.000

注：*、**、*** 分别表示在 10%、5%、1% 的水平下显著。

3.2.1.3　基本公共服务区域差距的空间自相关检验结果

从表 3 - 6 全局 Moran's I 和 Geary's C 指数均可以看出：核心指标基本公共服务区域差距指数 2011 ~ 2018 年均呈现显著的正向空

间自相关。因此，可以利用空间计量模型对 31 省份存在的空间溢出进行进一步实证分析。

表 3 – 6　　　　基本公共服务区域差距的空间自相关结果

年份	Moran's I			Geary's C		
	I	Z	P	C	Z	P
2011	0. 187 **	1. 966	0. 025	0. 779 *	– 1. 511	0. 065
2012	0. 198 **	2. 132	0. 016	0. 774 *	– 1. 472	0. 071
2013	0. 127 *	1. 417	0. 078	0. 805 *	– 1. 151	0. 100
2014	0. 118 *	1. 422	0. 078	0. 763 *	– 1. 474	0. 070
2015	0. 046 *	0. 750	0. 067	0. 829 *	– 1. 026	0. 078
2016	0. 028 *	0. 791	0. 074	0. 869 *	– 1. 280	0. 081
2017	0. 044 *	1. 748	0. 057	0. 846 *	– 1. 114	0. 100
2018	0. 003 *	1. 284	0. 08	0. 628 **	– 1. 365	0. 05

注：* 、 ** 、 *** 分别表示在 10% 、5% 、1% 的水平下显著。

3. 2. 2　收敛类型与收敛检验基本模型

新古典增长理论认为，经济增长收敛包括 σ 收敛、β 收敛和俱乐部收敛三种模式。σ 收敛一般通过国家、各省域、城乡间基本公共服务供给水平的标准差或变异系数来反映其差距的变化趋势（钟祖昌，2012；许治和邓芹凌，2013；刘章生、宋德勇和弓媛媛，2017）。在上节的基本公共服务城乡区域差距水平的测度与分析中，通过变异系数、信息熵分析，两者的趋势均呈明显向右下方倾斜，其水平离散程度呈现缩小态势（孔薇，2019）。因此，在本节中主要通过分析 β 收敛模型来检验城乡区域基本公共服务差异程度是否存在一般收敛与空间收敛。

β 收敛的经济含义是指基本公共服务供给增长率与其供给

的初始水平之间存在负相关关系，即表现为基本公共服务供给落后地区要比发达地区具有更高的增长率水平、更快的增长速度。具体而言，假设基本公共服务供给水平较低的地区具有更高的增长率，那么，经过一定时间的积累，基本公共服务供给水平较低的地区一定可以追赶上基本公共服务供给水平较高的地区，从而实现城乡或区域间基本公共服务稳定发展，也就是实现 β 收敛。

俱乐部收敛则要求区域内部各省份之间存在类似的初始条件，并能趋向于各自的稳定状态。衡量俱乐部收敛存在的基本条件为俱乐部内部不同区域间的基本公共服务供给水平趋于收敛，同时俱乐部与俱乐部之间是趋于发散的。本书将东部、中部以及西部地区作为三大经济板块来分析基本公共服务供给水平在我国区域间是否存在俱乐部收敛效应。

关于截面数据模型与面板数据模型的选择，鉴于以往研究结果的经验，截面数据的收敛估计结果容易导致偶然性与随机性，且由于未考量时间因素，往往容易忽视各个主体的差异。而面板数据是结合了横截面和时间序列的优点，因此，本书采用面板数据模型反映基本公共服务城乡区域差距的一般收敛与空间收敛性。基于 Barro-&-Sala-i-Martin（1992）的研究，β 绝对收敛的一般模型为：

$$\frac{(\log Y_{it} - \log Y_{i0})}{T} = \alpha - \left[\frac{1 - \beta^{-\beta T}}{T}\right]\log Y_{i0} + \varepsilon_{it} \qquad (3.13)$$

其中，$\log Y_{i0}$ 为各地区期初初始状态的变量观测值，Y_{it} 为研究期间基本公共服务城乡区域差距指数，T 为观察期时间跨度，当采用面板数据模型时，T 为总时间区间的子区间，α 为常数项，ε_{it} 为随机干扰项，β 为收敛系数，若 $\beta < 0$，则说明研究期间内基本公共服务城乡区域差距水平趋向于收敛；若 $\beta > 0$，则说明研究期间基本公共服务城乡区域差距水平趋向于发散，一般用 $-\dfrac{\log(1+\beta)}{TS}$ 计算收敛速度，其中，TS 为时间跨度。

β 空间绝对收敛的一般模型为：

$$\frac{(\log Y_{it} - \log Y_{i0})}{T} = \alpha + \delta W \times \frac{(\log Y_{it} - \log Y_{i0})}{T} + \beta \log Y_{i0} + \gamma_t + \varepsilon_i + \mu_{it}$$

(3.14)

$$\mu_{it} = \lambda W \mu_t + \tau_{it}$$

根据该模型的系数 δ、θ、λ 是否为零，具体可分为以下三类空间收敛模型。

若 $\delta \neq 0$、$\theta = 0$、$\lambda = 0$，为空间滞后模型（SLM），也称为空间自回归模型（SAR）。

若 $\delta = 0$、$\theta = 0$、$\lambda \neq 0$，为空间误差模型（SEM）。

若 $\delta \neq 0$、$\theta \neq 0$、$\lambda = 0$，为空间杜宾模型（SDM）。

3.2.3 城乡间基本公共服务供给水平收敛实证分析

3.2.3.1 基于普通面板模型（OLS）收敛的实证结果分析

由表 3-7 可以看出，全国城乡 FE 与 RE 效应回归的霍斯曼检验统计值为 179.08，其 P 值为 0.000，在 1% 的显著性水平下拒绝了原假设，因此，此阶段收敛检验统一以 FE 模型更为适合。FE 模型下基本公共服务城乡差距水平指数（$\ln y_{n-1}$）估计系数为 -0.834，且通过 1% 的显著性水平检验，表明我国基本公共服务城乡差距水平存在绝对 β 的收敛趋势。从收敛速度来看，我国基本公共服务城乡差距水平的收敛速度为 25.65%，说明我国基本公共服务城乡差距水平存在明显的绝对 β 收敛趋势。

表 3 - 7　　　　　基本公共服务城乡差距的绝对 β 收敛结果

变量	基本公共服务城乡差距水平	
	面板固定效应（FE）	面板随机效应（RE）
$\ln y_{n-1}$	-0.834 *** (-14.86)	-0.134 *** (-6.59)
v（%）	25.65	2.06
R^2	0.702	0.702
F 统计量	220.79 ***	—
Wald 统计量	—	43.44 ***
Hausman　检验	chi2（1）= 179.08 Prob = 0.0000	
样本个数	90	

注：* 、** 、*** 分别表示在 10%、5%、1% 的水平下显著。

3.2.3.2　基于空间面板模型收敛的实证结果分析

由表 3 - 8 的检验结果得知，全国城乡面板的（Robust）LR_SAR 和 LR_SEM 检验均通过了显著性检验，全国城乡面板的 Wald_SAR 和 Wald_SEM 检验也都通过了显著性检验，说明我国基本公共服务城乡差距水平的空间收敛分析不宜采用 SAR 模型或 SEM 模型，应采用 SDM 模型。

表 3 - 8　　　　　　　空间计量模型收敛检验

空间模型检验	SAR	SEM
LR 统计量	50.1 ***	49.4 ***
Wald 统计量	38.2 ***	54.5 ***

注：* 、** 、*** 分别表示在 10%、5%、1% 的水平下显著。

全国城乡面板从表 3 - 8 中的检验中均通过了 LR 和 Wald 检验，但从表 3 -9 可以看出，其收敛性计量模型中的空间回归系数（Spatial rho）不显著。因此，将我国基本公共服务城乡差距的空间杜宾模型（SDM）退回到传统模型（OLS）进行绝对 β 收敛分析，收敛结论与表 3 -7 结果一致。

表 3 -9　全国城乡基本公共服务均等化水平绝对 β 收敛空间计量结果

变量	全国城乡基本公共服务均等化水平	
	SDM	OLS
$\ln y_{n-1}$	- 0. 83 *** (-18. 22)	- 0. 83 *** (-14. 86)
v (%)	25. 65	25. 65
Wx	- 0. 05 (-0. 30)	—
R^2	0. 70	0. 70
logL	370. 2	—
Spatial rho	- 0. 09 (-0. 53)	—
样本个数	90	90

注：* 、** 、*** 分别表示在 10% 、5% 、1% 的水平下显著。

3.2.4　区域的基本公共服务供给水平收敛实证分析

3.2.4.1　基于普通面板模型（OLS）收敛的实证结果分析

（1）绝对 β 收敛。由表 3 - 10 可以看出，FE 与 RE 效应回归检验的 Hausman 统计值为 10. 08，其 P 值为 0. 0015，在 1% 的显著性水平下拒绝了"非观测个体效应与解释变量不相关"的原假设，因此应该选择 FE 模型。FE 模型下估计的基本公共服务区域差距水平（$\ln y_{n-1}$）估计系数为负，且通过 1% 的显著性水平检验，表明全国范围内基本公共服务区域差距水平存在绝对 β 的收敛趋势。从收敛速度来看，全国基本公共服务区域差距水平的收敛速度为 4.91%，说明我国基本公共服务区域差距水平存在明显的绝对 β 收敛趋势。

表 3 – 10　基本公共服务区域差距指数的绝对 β 收敛结果

变量	基本公共服务区域差距水平	
	面板固定效应（FE）	面板随机效应（RE）
$\ln y_{n-1}$	-0.291^{***} (-6.28)	-0.153^{***} (-9.56)
v（%）	4.91	2.37
R^2	0.853	0.853
F 统计量	39.49***	—
Wald 统计量	—	91.45***
Hausman　检验	chi2（1）= 10.08 Prob = 0.0015	
样本个数	217	

注：*、**、*** 分别表示在 10%、5%、1% 的水平下显著。

（2）俱乐部收敛。由表 3 – 11 可以看出，东部、中部、西部地区的 FE 与 RE 检验的 Hausman 统计值分别为 3.62、9.37 和 4.08，其 P 值分别为 0.0081、0.0022 和 0.0434，均在 1% 的显著性水平下拒绝了原假设，说明此阶段的收敛分析以 FE 模型更为适合。FE 模型下的东部、中部、西部地区的基本公共服务区域差距水平指数（$\ln y_{n-1}$）估计系数均为负，且都通过了显著性水平检验，表明我国基本公共服务在不同区域上的差距水平存在绝对 β 的收敛趋势。从收敛速度来看，三大区域中，中部、西部地区的基本公共服务区域差距水平的收敛速度最快，分别为 11.38%、5.18%，东部的基本公共服务区域差距收敛速度为 2.41%，说明我国各基本公共服务区域差距水平存在明显的绝对 β 收敛趋势，并且基本公共服务区域差距水平较高的中部、西部地区比差距水平较低的东部地区拥有较快的增长速度，最终趋向于均等的水平。

表 3 – 11　　　　东部、中部、西部地区基本公共服务区域差距
指数的俱乐部收敛结果

变量	东部		中部		西部	
	FE	RE	FE	RE	FE	RE
$\ln y_{n-1}$	– 0. 155 ** (– 2. 14)	– 0. 067 *** (– 3. 11)	– 0. 549 *** (– 3. 95)	– 0. 155 *** (– 2. 95)	– 0. 304 *** (– 4. 11)	– 0. 167 *** (– 5. 62)
v (%)	2. 41	0. 99	11. 38	2. 41	5. 18	2. 61
R^2	0. 515	0. 515	0. 547	0. 547	0. 933	0. 933
F 统计量	4. 58 ***	—	15. 62 ***	—	16. 89 ***	—
Wald 统计量	—	9. 67 ***	—	8. 68 ***	—	31. 62 ***
Hausman 检验	chi2 (1) =3. 62 Prob = 0. 0081		chi2 (1) =9. 37 Prob = 0. 0022		chi2 (1) =4. 08 Prob = 0. 0434	
样本个数	77		56		84	

注：* 、** 、*** 分别表示在 10%、5%、1% 的水平下显著。

3.2.4.2　基于空间面板模型收敛的实证结果分析

（1）空间模型收敛检验。由表 3 – 12 的检验结果得知，全国以及东部、中部、西部地区的（Robust）LR_SAR 和 LR_SEM 检验均通过了显著性检验，因此选择空间计量模型进一步进行收敛检验是合理的。并且全国以及东部、中部、西部地区的 Wald_SAR 和 Wald_SEM 检验也均通过显著性检验，反映出全国及各区域间的基本公共服务区域差距水平的空间收敛分析采用 SDM 模型检验的结果要优于 SAR 模型或 SEM 模型。

表 3 – 12　　　基本公共服务区域差距空间计量模型检验结果

空间模型检验	全国		东部		中部		西部	
	SAR	SEM	SAR	SEM	SAR	SEM	SAR	SEM
LR 统计量	18.9**	18.8**	34.2***	42.5***	28.6***	30.3***	12.1*	12.3*
Wald 统计量	22.4***	51.2***	26.4***	35.6***	29.7***	36.3***	11.4*	12.9*

注：*、**、*** 分别表示在 10%、5%、1% 的水平下显著。

（2）绝对 β 收敛。从表 3 – 13 结果来看，全国层面模型中空间回归系数（Spatial rho）大于零且 P 值在 1% 的显著性水平上拒绝了原假设，说明基本公共服务区域差距水平存在显著为正的空间相关性，基本公共服务区域差距水平的空间项 Wx 为正值，且在统计上满足 10% 的显著性水平，表明相邻辖区基本公共服务区域差距缩小的增长速度对本辖区基本公共服务区域差距的缩小具有显著的促进作用，意味着空间间接溢出效应也是缩小我国基本公共服务区域差距增长速度的一个重要因素。从绝对 β 收敛系数来看，系数值为 – 0.30，且通过了 1% 的显著性水平检验，表明加入空间效应指标后，我国基本公共服务区域差距水平仍然存在绝对 β 的收敛趋势。从收敛速度来看，我国基本公共服务区域差距水平空间面板模型的收敛速度为 5.1%，要大于我国基本公共服务差距水平普通面板模型的 4.91% 的收敛速度，说明在纳入空间效应后能提升我国基本公共服务区域差距，缩小目标的稳定性与真实性。

表 3 – 13　　　基本公共服务区域差距的绝对 β 空间收敛结果

变量	基本公共服务区域差距水平 SDM
$\ln y_{n-1}$	– 0.30*** (– 6.79)

续表

变量	基本公共服务区域差距水平 SDM
v（%）	5.10
Wx	0.11* (1.59)
R^2	0.83
$\log L$	1094.9
Spatial rho	0.30*** (3.69)
样本个数	217

注：*、**、***分别表示在10%、5%、1%的水平下显著。

（3）俱乐部收敛。从表3－14可知，东部、中部、西部地区的全国各区域模型中空间回归系数（Spatial rho）均大于零且P值分别在1%和10%的显著性水平上拒绝了原假设，表明我国不同地区的基本公共服务区域差距水平存在显著的空间相关性。并且东部、中部、西部基本公共服务区域差距水平的空间项Wx均为正值，且中部地区在统计上满足10%的显著性水平，说明中部地区相邻辖区缩小基本公共服务区域差距的增长速度对中部地区所在辖区缩小基本公共服务区域差距具有很大的促进作用，这也意味着空间溢出效应是在缩小我国各大区域，尤其是在中部地区基本公共服务区域差距目标下，实现速度提升的一个重要因素。从绝对β收敛系数来看，东部、中部、西部地区的基本公共服务区域差距指数（$\ln y_{n-1}$）估计系数均为负，且中部与西部地区通过了显著性水平检验，表明加入空间效应后我国中部、西部地区基本公共服务区域差距水平存在绝对β的收敛趋势，而东部地区基本公共服务区域差距水平的绝对β收敛趋势不明显。从收敛速度来看，结果表明我

国东部、中部、西部三个地区基本公共服务区域差距水平分别以
1.83%、11.09% 和 5.51% 的速度在缩小,并且中部、西部地区的
基本公共服务差距水平的绝对收敛速度快于东部地区的收敛速度,
表明这基本符合新古典经济学中关于收敛的理论,即收敛速度快
慢往往是离自己均衡水平差距越大的其收敛速度会越快。

表 3 – 14　　　　东部、中部、西部地区基本公共服务区域差距的
绝对 β 空间收敛结果

变量	东部 SDM	中部 SDM	西部 SDM
$\ln y_{n-1}$	– 0.12 (– 1.55)	– 0.54 *** (– 4.46)	– 0.32 *** (– 4.46)
v (%)	1.83	11.09	5.51
Wx	0.0004 (0.00)	0.21 * (1.56)	0.12 (0.89)
R^2	0.51	0.55	0.92
$\log L$	448.3	333.8	389.8
Spatial rho	0.51 *** (6.44)	0.35 *** (3.34)	0.19 * (1.50)
样本个数	77	56	84

注:*、**、*** 分别表示在 10%、5%、1% 的水平下显著。

3.3　本章小结

　　本章研究的是基本公共服务城乡区域差距指数的测度及收敛,
通过对 2011 ~ 2019 年基本公共服务领域内的基础教育、公共卫生
医疗、公共文化服务、社会保障与就业、基础设施和环境保护这
六大类重要评价指标所覆盖的数据进行收集与整理,再运用

ArcGIS 10.2 软件从时空的角度分析基本公共服务城乡区域差距的动态变化。

通过构建城乡区域基本公共服务供给水平指标体系，分别以 2011～2018 年、2015～2018 年为考察期，采用加权算术平均法分别测算出城乡区域基本公共服务供给综合水平，基于各项基本公共服务指数计算结果，进一步采用变异系数、信息熵方法分别测算出基本公共服务城乡区域差距指数。通过分析考察期间城乡区域基本公共服务供给差异水平的变化趋势，得出的结论是基本公共服务供给水平在城乡与区域间的差距呈现逐年缩小的态势，但并不排除在考察期内的个别年份出现了波动。

通过对基本公共服务城乡区域差距水平进行收敛性检验，通过对基本公共服务城乡区域差距指数进行普通面板与空间面板的绝对收敛分析，得出在考察期内从整体上我国基本公共服务城乡区域差距水平的收敛系数均为负值，且统计指标均显著，说明我国基本公共服务城乡区域差距水平存在明显的绝对收敛趋势。进一步通过对我国基本公共服务区域差距水平进行不同区域间的俱乐部收敛检验时，将我国区域划分为东部、中部、西部三个地区分析其各区域间基本公共服务区域差距水平的收敛趋势，结果说明三大区域的基本公共服务差距水平均呈现不断缩小的收敛态势，且三大区域的基本公共服务区域差距水平的收敛速度以基本公共服务区域差距水平较高的中部、西部地区要快于差距水平较低的东部地区，并最终趋向于均等的水平。

第4章 缩小基本公共服务城乡差距财政政策的实证分析

本章通过模型构建对缩小基本公共服务城乡差距进行基础性与拓展性的实证分析。其中，基础分析检验财政体制和经济等因素对基本公共服务城乡差距的影响方向和作用力度；拓展分析检验财政转移支付与公共品需求收入弹性对缩小基本公共服务城乡差距的效应。

4.1 基础分析：基本公共服务城乡差距影响因素的实证分析

本节通过构建空间模型，选取研究变量，并对空间模型效应、最优拟合度等进行最优的筛选，旨在检验政策制度中的财政体制、城乡经济差距水平、经济发展水平、城镇化水平等因素对基本公共服务城乡差距的影响方向与作用力度。

4.1.1 变量选择与描述性统计

4.1.1.1 变量的选取

被解释变量：基本公共服务城乡差距指数（urban and rural public service differentiation index，PSDI_UR），以各省份的基本公共服务区域差距指数来表示。

城乡经济层面的关键差距主要指居民经济收入条件上的差距，因此单纯以 GDP 衡量经济差距其精确度不如收入指标。考虑到数据的可得性，本书选用城乡居民实际收入水平作为衡量经济差距的指标，通过计算指定地区非城市居民的人均实际收入除以市辖区居民人均收入，再通过信息熵估算出差距指数，所得商值越大表明该地区城乡经济差距越小。基于缩小基本公共服务差距的财政、经济、社会等因素在城乡间、区域间具备的共性特征，本节选用的解释变量与控制变量指标在上节中基本公共服务区域差距影响因素的采用基础上，新增了与城乡差距密切相关的解释变量指标，即经济差距指数（economic gap index，EGI）。

4.1.1.2 变量的描述性统计

各变量的描述性统计见表 4-1。

表 4-1   各变量的描述性统计

变量	变量解释	观测值	极小值	极大值	平均值	标准差
PSDI_UR	基本公共服务城乡差距指数（%）	120	0.060	0.590	0.394	0.117
EGI	经济差距指数	120	0.247	0.502	0.323	0.062
Fiscal_D	财政分权支出度	120	0.798	0.937	0.860	0.037
FE_Per	人均财政支出	120	0.719	3.455	1.419	0.597
Trans_P	人均中央净补助	120	0.281	0.483	0.399	0.039

续表

变量	变量解释	观测值	极小值	极大值	平均值	标准差
F_SY	财政自给率	120	1.237	20.380	5.656	3.500
GDP_Per	经济增长	120	0.112	0.757	0.346	0.153
Ur_R	城镇化水平	120	2.617	14.021	5.971	2.661
Ur_D	人口密度	120	0.420	0.881	0.593	0.112

4.1.2 空间模型的最优筛选

为了对基本公共服务供给城乡差距的因素进行实证分析，本书建立以下空间模型：

$$
\begin{cases}
\ln PSDI\_UR_{it} = \delta W \times \ln PSDI\_UR_{it} + \beta_1 EGI_{it} + \beta_2 \ln Fiscal\_D_{it} \\
+ \beta_3 \ln FE\_Per_{it} + \beta_4 \ln Trans_{P_{it}} + \beta_5 \ln F\_SY_{it} + \beta_6 \ln GDP\_Per_{it} \\
+ \beta_7 \ln Ur\_R_{it} + \theta W \times EGI_{it} + \theta W \times \ln Fiscal\_D_{it} + \theta W \times \ln FE\_Per_{it} \\
+ \theta W \times \ln Trans_{P_{it}} + \theta W \times \ln F\_SY_{it} + \theta W \times \ln GDP\_Per_{it} + \\
\theta W \times \ln Ur\_R_{it} + \gamma_t + \varepsilon_i + \mu_{it} \quad \mu_{it} = \lambda W \mu_t + \tau_{it}
\end{cases}
$$

$$(4.1)$$

其中，$PSDI\_UR_{it}$ 为第 i 个城乡第 t 年的基本公共服务差距指数，新增解释变量为城乡经济差距（EGI）。

本书通过以下步骤在 OLS、SAC、SEM、SAR、SDM 这五个模型中进行最优选择。

第一步，利用初选的 7 个影响因素解释变量，针对 OLS、SAC、SEM、SAR 和 SDM 五类模型进行霍斯曼检验，判断这五类模型是固定效应还是随机效应。

其中，RE 表示随机效应模型，FE 表示固定效应模型。从表 4 - 2 霍斯曼检验的结果来看，OLS、SEM、SAR、SDM 五类模型的 Hausman 检验值分别为 30.95、33.21、43.39 和 311.51，其 P 值均 0.000，故拒绝了原假设，选择 FE 进行检验。基于 SAC 模型本身不能进行随机效应回归，因此，应采用固定效应模型（陈强，2014）。

表 4-2　　　　五个备选模型固定效应对随机效应检验结果

项目	OLS	SAC	SEM	SAR	SDM
检验结果	FE	FE	FE	FE	FE
P 值	0.000	—	0.000	0.000	0.000
Hausman 检验	30.95	—	33.21	43.39	311.51

第二步，确定了五类模型的检验类型后，再分别对其进行动态空间回归，按照空间回归结果对系数 δ、θ、λ 进行显著性检验，检验是否存在被解释变量或误差项的空间滞后效应即可在备选的五个模型中选择出最优的空间动态模型。

表 4-3 中，Spatial "rho" 为基本公共服务城乡差距指数的空间自回归系数，"lambda" 为随机干扰项的空间自回归系数。从五类模型回归结果来看，其 SAC 检验原假设 "rho = 0" 的统计值为 -2.79，P 值为 0.005，检验原假设 "lambda = 0" 的统计值为 4.23，P 值为 0.000，故在 1% 显著性水平下拒绝了原假设，反映出其被解释变量与误差项存在空间滞后效应。其 SEM "lambda = 0" 的统计值为 1.41，P 值为 0.158；其 SAR 系数 "rho = 0" 的统计值为 0.66，P 值为 0.510；其 SDM 系数 "rho = 0" 的统计值为 0.84，P 值为 0.401。以上检验结果说明，SEM、SAR、SDM 模型均未通过空间滞后系数的显著性检验，因此，综合模型的检验结果和显著性分析，应优先选择 SAC 模型对我国基本公共服务城乡差距的财政空间效应进行检验分析。

表 4 - 3　　　　　四个空间备选模型之间的选择结果

空间自回归系数		SAC	SEM	SAR	SDM	筛选结果
Spatial rho	Coef.	- 0. 7721 ***	—	0. 0717	0. 1045	SAC
	Z	- 2. 79	—	0. 66	0. 84	
	P > ∣ z∣	0. 005		0. 510	0. 401	
Spatial lambda	Coef.	0. 7983 ***	0. 1848	—	—	
	Z	4. 23	1. 41	—	—	
	P > ∣ z∣	0. 000	0. 158	—	—	

注：＊、＊＊、＊＊＊分别表示在10%、5%、1%的水平下显著。

4.1.3　实证结果分析

从表 4 - 4 中两个模型的检验结果看，SAC 的 log-likelihood 的绝对值比较大，表明选用的 SAC 空间计量模型相较于普通的线性模型而言更为合适；拟合优度（R^2）达到 0.3778，一般来说达到 0.2 以上对于面板数据而言也是一个可以接受的结果，表明所选择的解释变量较好地囊括了影响中国基本公共服务城乡差距的因素。

表 4 - 4　2011 ~ 2018 年基本公共服务城乡差距的财政效应空间回归结果

SAC	解释变量	被解释变量：$PSDI\_UR$		
		Coef.	Z	P > ∣ z∣
Main	$\ln EGI$	0. 33449 **	2. 09	0. 037
	$\ln Fiscal\_D$	- 0. 68397 *	- 1. 98	0. 069
	$\ln FE\_P$	- 0. 12751 ***	- 2. 58	0. 01
	$\ln Trans\_P$	0. 044987 ***	2. 56	0. 01
	$\ln Financial\_R$	- 0. 03584 **	- 2. 56	0. 011
	$\ln GDP\_Per$	0. 021973	1. 1	0. 272
	$\ln Ur\_R$	0. 092889	0. 91	0. 361

SAC	解释变量	被解释变量：*PSDI_UR*		
		Coef.	Z	P > | z |
Spatial	rho	− 0.77209 ***	− 2.79	0.005
	lambda	0.798347 ***	4.23	0.000
	R^2		0.3778	
log-likelihood		407.8713		

注：*、**、*** 分别表示在10%、5%、1%的水平下显著。

基于一般解释变量分析，城乡经济差距（ln*EGI*）对缩小我国基本公共服务城乡差距效应显著为正，表明提升城乡经济的均等化水平对缩小我国基本公共服务城乡差距积极效应的边际贡献度为0.33449。城乡经济差距越大，表明当地政府需增加更多的财政投入以解决城乡收入的非均等问题，如果差距高地区的基本公共服务投入被地方政府用于投入经济建设，则不利于提升城乡间基本公共服务的供给水平。财政分权支出度（ln*Fiscal_D*）对缩小我国基本公共服务城乡差距效应显著为负，表明财政分权支出度的扩大对缩小我国基本公共服务城乡差距效应的负向影响程度为− 0.68397。财政分权支出度越高意味着地方政府的财政支出权越大，由于城市之间对经济、人才等资源的竞争日益激烈，地方政府对政治、经济绩效的过热追逐，其财政支出会首要考虑城市的各项发展。因此，地方政府的财政支出一方面会服务于城市经济建设，另一方面也会倾向加大对城市基本公共服务的投入以吸引更多的高级人才资源，最终造成对农村地区基本公共服务投入的挤占。人均财政支出（ln*FE_P*）对缩小我国基本公共服务城乡差距效应显著为负，表明人均财政支出的增加对缩小我国基本公共服务城乡差距效应的负面影响程度为− 0.12751。各城市间受"竞争锦标赛"的影响，地方政府会倾向于优先发展当地城市经济建设、生态环境、基础设施等来吸引更多的投资以获得竞争资本。比如，通过促进经济增长和大批人才引进积累的经济资本，以及通过优化城市生态环境和提升社区居民福利水平带来政治晋升资本。因此，这样会激发地方政府增加对城市基本公共服务投入的动力，使基本公共服务供给在城乡间的差距加大。人均中央净补助（$\ln Trans\_p$）对缩小我国基本公共服务城乡差距效应显著为正，表明增加中央的净转移支付对缩小我国基本公共服务城乡差距效应的正向影响程度为 0.044987。中央净补助规模的增大一方面会加大地方政府对中央转移支付的依赖性，另一方面，中央的转移支付项目一般通过增加对农村减贫资金、专项资金的投入以减轻地方政府的财政压力。因此，地方政府根据中央对地方补助方向与要求会增加对农村地区基本公共服务的投入，有助于城乡差距的缩小，有利于缩小基本公共服务城乡差距目标的实现。财政自给率（$\ln F\_SY$）对缩小我国基本公共服务城乡差距效应显著为负，表明财政自有度的扩大对缩小我国基本公共服务城乡差距效应的负面影响程度为 −0.03584。对于财政自给率越高的地区，由于 GDP 排位的竞争压力，地方政府对城市财政投入的倾向性会增强，从而会考虑优先增加对城市基本公共服务的投入以吸引更多的资本，导致基本公共服务在城乡的差距会拉大，不利于城乡基本公共服务均等化水平的提升。经济发展水平（$\ln GDP\_Per$）与城镇化率（$\ln Ur\_R$）对缩小基本公共服务城乡差距的效应（PS_DI）都为正向但不显著，说明各地政府促进当地经济发展、提高城镇化率的政策对缩小我国基本公共服务城乡差距的边际贡献度不高。

基于被解释变量的空间滞后分析：2015～2018 年我国基本公共服务城乡差距指数受多个影响因素的综合作用，被解释变量 *PSDI_UR* 指数的空间滞后系数为 -0.77209，其误差项的空间滞后系数为 0.798347，且均在 1% 的置信水平下显著，说明我国基本公共服务城乡差距水平存在一定的空间相关性。

4.2 拓展分析：基于公共品需求收入弹性与转移支付的实证分析

从上节基本公共服务城乡差距的影响因素分析的实证结果可知，城乡经济差距的大小对缩小我国基本公共服务城乡差距效应的影响边际贡献度最大，影响的系数达到 0.33449，即城乡经济差距越小，基本公共服务城乡差距也越小。城乡经济差距主要通过对城市与农村地区的人均可支配收入指标进行衡量，本节通过分析公共品需求收入弹性与财政转移支付对城乡经济差距的作用机理可知，纳入公共品需求收入弹性后财政转移支付是缩小城乡经济差距的有效手段。因此，下文将基于公共品需求收入弹性财政转移支付对农村地区财政政策的影响，来进一步剖析基本公共服务城乡差距问题。

4.2.1 公共品需求收入弹性与转移支付作用机理

4.2.1.1 引言

改革开放以来，我国一直致力于探索具有中国特色的"脱贫之路"，并为之进行了艰苦卓绝的奋斗，也取得了举世瞩目的成就。习近平总书记在 2020 年 12 月 3 日出席并主持了脱贫攻坚总结评估汇报会，并庄严宣布："党的十八以来，党中央团结带领全党全国各族人民，把脱贫攻坚摆在治国理政突出位置，充分发挥党的领导和我国社会主义制度的政治优势，采取了许多具有原创性、独特性的重大举措，组织实施了人类历史上力度最强、规模最大的脱贫攻坚战。经过八年的精准扶贫，脱贫攻坚成果举世瞩目，现行贫困标准下全国 832 个国家贫困县已全部实现了脱贫摘帽，消除了绝对贫困和区域性整体贫困，近 1 亿贫困人口实现脱贫，如期完成了新时代脱贫攻坚目标任务。"消除贫困是人类共同理想，然而，当前我国发展不平衡不充分的问题仍然突出，巩固与拓展脱贫攻坚成果的任务依然艰巨。随着人类发展呈现复杂性、多元化特点，对贫困的评价也趋于多元化，阿马蒂亚·森教授曾指出，仅用货币识别贫困是有局限的，真正的贫困应该是对人当前的可行能力的剥夺，人们跨过了基本经济保障的最低门槛，但还受困于其他制约个体发展关键领域的剥夺而造成的贫困。我国各级政府在减贫之路的探索与实践中也不断调整减贫的目标和模式，党的十九届四中全会报告提出"坚决打赢脱贫攻坚战，建立解决相对贫困的长效机制"，这意味着中国的反贫困战略即将进行调整。从绝对贫困到相对贫困衡量标准的变化，说明精准扶贫更应从教育、健康医疗、社会生活保障等方面实施，实现多维扶贫的新目标。

要实现多维度脱贫，离不开政府主导的公共政策和有效的财政减贫工具。作为主要的扶贫政策手段，公共转移支付对贫困的影响可以从宏观和微观的方面进行分析，前者是指政府用于从整体上缩小城乡经济、区域差距以实现公平与效率统一的再分配收入手段，也是中央政府用于平衡地方财政资金并引导用于地方减贫、教育、卫生、医疗等公共服务上的有效溢出工具（毛捷等，2012）；后者是政府通过现金补助、养老金转移收入、社会救济补贴等福利直接作用于微观个体的减贫工具（刘穷志，2007），且对贫困群体与潜在贫困群体通过提供教育、健康医疗等社会机会以降低贫困的间接溢出手段。鉴于此，公共转移支付对于缓解贫困具有重要的理论价值和实践意义。国外已有不少对转移支付有助于收入减贫的相关研究，庇古－多尔顿（Pigou-Dalton）在"转移支付方法准则"中分析出，将转移性收入从高收入者累进性地转移到低收入者会促进社会平等和提升社会福利的效应。森（Sen，1976）、安东尼·阿特金森（Anthony Atkinson，1994）、达巴伦、基里克和韦恩（Dabalen，Kilic and Wane，2008）还有迪莫娃、沃尔夫（Dimova and Wolff，2008）指出，公共转移支付将一定程度地对一般贫困和极度贫困者均具有缓解收入贫困效应和收入再分配的功能。也有一些国内外的研究学者对教育、健康医疗、基础设施等方面进行了多维度反贫困研究（Jung and Thorbecke，2003；Quisumbing，2003；Parker，K. and Figueira-T.，2008；朱玲，2004；张全红等，2015）。近年也涌现了一些考虑特定贫困群体的主观福利效应下研究缓解贫困脆弱性的国内外研究文献。杰哈、唐和塔什里夫（Jha，Dang and Tashrifov，2010）、布朗夫曼（Bronfman，2014）、杨文（2012）、樊丽明和解垩（2014）、解垩（2017）和陈国强等（2018）认为，公共转移支付瞄准目标准确对预期减贫是有效率的，同时需要注意的是，公共转移支付往往在瞄准贫困目标失效或公共政策执行失误上可能引起反向激励行为，导致反贫困工作的低效率。比如，格罗什等（Grosh et al.，2003）

通过对48个国家的反贫困状态进行公共转移政策瞄准性的效率研究发现，在122个转移支付项目中，有25%的转移支付收入未准确转移到贫困者手中，存在明显的低效率。达巴伦、基里克和韦恩（Dabalen, Kilic and Wane, 2008）对阿尔巴尼亚在1993年的反贫苦公共转移政策效应进行了评价，运用倾向得分评价方法评估出持续性接受转移支付收入的受益者对公共服务需求上的福利状态显著低于同等条件的匹配对象，造成公共政策执行的非效率状态。博根、伊默沃尔和维塔玛基（Bargain, Immervoll and Viitamäki, 2012）运用1996~2003年的重复横截面数据对芬兰的减轻贫困效应进行分析，结果发现使用错误的计量工具会直接影响被援助目标的福利资格和福利效率。

　　所以，公共服务政策在设计上，应该要提升公共政策在反贫困项目中瞄准政策受益者的效率，实际考察贫困者的福利状况以及对公共服务的不同需求程度，以制定公共品的有效供给机制。反贫困的公共政策效用评价不足，并不是受益对象有意隐瞒其偏好，而是对公共机制的供给服务主观上不满意所致。究其根本原因，是政府在公共机制设计上对政策受益者在公共服务上的不同需求程度认识不足，造成公共产品的供给与需求结构失衡，从而导致政策失效。李华和张靖会（2008）认为，人对公共产品的需求也是有层次的，根据马斯洛需求层次理论，当个体对底层带来的公共品（良好的公共环境等）需求得到满足后，个体的福利条件不断提升，必然将进一步追求更高层次的公共品（义务教育、健康医疗、高等教育等）。在高层次的公共产品分类中，既有具备非排他性和非竞争性的纯公共品，比如义务教育、医疗救助；同时也存在有非排他性但不具备非竞争性的准公共品，比如高等教育、医疗保险等。有研究认为，人们对公共品的不同需求与公共品需求收入弹性密切相关，那么，通过研究对象对公共品需求弹性的差距来判断公共产品与公共服务机制是否可行就成为重要课题。鉴于此，研究财政转移支付对政策受益者在公共品需求收入弹性差距的效应具有很强的现实意义。目前，尚未在公开文献上看到以公共品需求收入弹性视角来评估财政转移支付对反贫困影响的研究，因此，本节的目的是利用微观调查面板数据把项目受益者对教育、健康医疗的需求收入弹性纳入同一分析框架，实证检验财政转移支付对长期多维贫困与长期收入贫困的政策效果（肖建华和李雅丽，2021）。

4.2.1.2 作用机制

本节将公共品需求收入弹性纳入框架中，分析财政转移支付从支出的角度对缩小城乡经济差距的作用机理（如图 4-1 所示）。财政转移支付对缩小城乡经济差距作用包含微观层面与宏观层面。

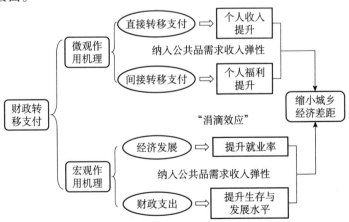

图 4-1 财政转移支付与公共品需求收入弹性对缩小城乡经济差距的作用机理

从微观层面来看，其作用机理可以表现在以下两个方面。

（1）财政转移支付通过给予补助、救济金等直接支付能有效提升农村贫困家庭的收入水平。

（2）中央对地方的专项转移支付，如教育专项支付、医疗专项支付等可以为农村家庭提高生存与生活的保障；同时，测度农村家庭对基础教育、健康医疗的需求收入弹性，分析财政转移支付对农村地区基本公共服务供求与需求的影响，可以提升农村家庭享受教育、医疗等基本公共服务的福利水平。

从宏观层面来看，其作用机理可以表现在以下两个方面。

（1）财政转移支付的投入达到一定规模后，能有效激发农村贫困地区的发展活力，有效促进其地区的经济增长。进一步通过"涓滴效应"来惠及农村家庭，农村地区的发展需求将增强对本地劳动的需求，从而为农村家庭提供就业机会以改善当地的财政状况。

（2）财政转移支付手段能有效缓解农村贫困地区的财政支出压力，通过测度农村家庭对基础教育、健康医疗的需求收入弹性，有助于增加地方政府对该地区在教育、医疗、社会保障等基本公共服务的精准投入，减少农村贫困家庭对教育、医疗等基本公共服务领域的剥夺份额，提升农村家庭生存与发展的水平。

4.2.2　变量选择与数据测算

4.2.2.1　数据来源与变量构造

本节选取 2014 年、2016 年、2018 年"中国家庭追踪调查"（China Family Panel Studies，CFPS）面板数据对中国家庭的减贫效应进行研究。以中国农村家庭为样本，保留三年调查均参与的家庭，剔除重要指标存在缺失或异常的家庭，处理后的有效家庭样本量共计 5754 户，样本共覆盖了全国 28 个省份，具有广泛的代表性。根据研究设计，首先，构建关键因变量：长期多维贫困与长期收入贫困。从 CFPS 家庭经济问卷调查与个人问卷调查中收集以家庭收入、教育与健康模块为主的变量信息，通过贫困评价构建长期多维贫困与长期收入贫困指标。其次，构建关键自变量，分为两部分变量：第一部分为财政转移支付。从 CFPS 家庭经济问卷调查中收集家庭是否收到财政转移支付与收到的财政转移支付金额，三个调查年度均收到财政转移支付的家庭记为 1，其他情况的家庭标记为 0。第二部分为公共品的需求收入弹性。从 CFPS 家庭问卷调查中收集三个考察年度的家庭教育支付、健康医疗支付、结合人均家庭年收入来测算家庭对教育与健康的需求收入弹性。最后，还控制了包含户主年龄、性别、教育年限、家庭规模等户主特征的控制变量。

4.2.2.2 长期收入贫困与长期多维贫困的识别

（1）各指标取值。令 $Y_{i \times j}^{T}$ 表示 t 时期下 $i \times j$ 维矩阵，表示在 T 时期内 i 个家庭在 j 个不同测度指标上的取值。令矩阵的元素 $y_{mn}^{t} \in Y_{i \times j}^{T}$，表示 t 时期下家庭 m 在 n 指标上所取得的有效数值或可测算的虚拟变量。其中，$m = 1, 2, 3, \cdots, i$；$n = 1, 2, 3, \cdots, j$；$t = 1, 2, 3, \cdots, T$。行向量 $y_{m \cdot}^{t} = (y_{m1}^{t}, y_{m2}^{t}, \cdots, y_{mi}^{t})$，表示 t 时期下家庭 m 在所有指标上的数值集合，列向量 $y_{\cdot n}^{t} = (y_{1n}^{t}, y_{2n}^{t}, \cdots, y_{jn}^{t})$，表示 t 时期下不同家庭在 n 指标上的分布。

（2）贫困家庭的识别。首先，对长期收入贫困家庭的识别。本节根据收入贫困线与家庭人均收入的两个指标进行衡量，其中，家庭人均收入是家庭总收入除以家庭人口规模，2014 年、2016 年、2018 年均采用官方 2015 年确立的贫困线标准（2855 元），若三个考察年度的家庭人均收入均低于贫困线则被识别为长期收入贫困家庭，记为 1，其他情况，记为 0。此外，还可以得到长期收入贫困发生率，即贫困发生率 R^c_{income} 表示长期多维贫困的家庭个数（f^c_{income}）占总家庭样本量（i）的比重，可用公式表达为：

$$R^c_{income} = \frac{\sum_{m=1}^{i} \delta_m(k,\gamma)}{i} = \frac{f^c_{income}}{i} \qquad (4.2)$$

第一，多维贫困家庭识别。本节采用 A－F 方法（Alkire and Foster，2011）对多维贫困人口进行识别。一是确定指标 n 的剥夺临界向量 $Z_n = (Z_1, Z_2, \cdots, Z_j)^t$。假定 ρ^t_{mn} 为单个向量的识别值，对于任意矩阵 $Y^T_{i \times j}$，当 $y^t_{mn} < Z_n$，则表示 t 时期下家庭 m 被识别为贫困，计 $\rho^t_{mn} = 1$，否则，计 $\rho^t_{mn} = 0$。二是确定指标权重向量 W，$W_n = (w_1, w_2, \cdots, w_j)$，其中 W_n 为第 n 个指标权重，并满足 $\sum_{n=1}^{j} w_j = 1$。构建加权剥夺矩阵 C，计算时期 t 下家庭 m 在所有指标上的被剥夺得分，可根据公式 $c^t_m = \sum_{n=1}^{j} w_j \rho^t_{mn}$ 得到。三是设定多维贫困临界值向量 k，当 $c^t_m \geq k$，则家庭 m 在时期 t 被识别为多维贫困家庭。

本节选取的多维贫困维度，参考英国牛津贫困与人类发展中心（OPHI）公布的 MPI（multi－dimensional poverty index）指标体系，结合我国具体国情，本节在指标选取上考虑到随着经济水平的发展，对教育与健康医疗的需求逐渐成为影响家庭经济状况的重要指标，但由于对教育需求的广泛性，对基础教育之外的需求程度逐渐提高，再加上老龄化等因素，慢性疾病也逐渐影响家庭的经济状况（解垩，2011），因此，在参考 MPI 指标的基础上，本节分别将家庭成员是否有参加课外辅导和有无慢性病作为衡量家庭教育、健康剥夺的指标之一，构建了符合当前我国实际情况的多维贫困维度、指标、剥夺临界值和权重（见表 4 – 5）。

表 4 – 5   多维贫困指标体系

维度	指标	剥夺临界值	权重
教育	适龄儿童教育	家庭中 6 岁及以上儿童至少有 1 名失学或辍学	1/6
	成人教育	家庭中 60 岁以下成年人最高教育学历为小学及以上	1/6
	对教育需求度	家庭任意成员没有参加课外辅导	1/6
健康	医疗保险	家庭中任意成员没有参加医疗保险	1/6
	成人慢性病	家庭任意成员患有慢性疾病	1/6
	对健康医疗需求度	家庭任意成员健康状态赋值小于 4 分	1/6

第二，长期多维贫困家庭的识别。一是参考持续时间分析法（Foster，2007），设定持续贫困时间的临界值为 $\gamma(0 < \gamma \leqslant 1)$。当家庭 m 在所有 t 时期中至少在某一权重 γ 的时期范围内处于贫困状态，则家庭 m 被判定为长期多维贫困家庭。二是令 $F(k)$ 代表 $i \times t$ 维矩阵，定义为 i 个家庭在 t 时期的多维贫困评价矩阵。令矩阵的元素 $f_m^t \in F_{i \times t}$ 判定家庭 m 在时期 t 下是否被识别为多维贫困，当 $f_m^t(k) = 1$，则家庭 m 在时期 t 下被识别为多维贫困，否则 $f_m^t(k) = 0$。矩阵的列向量 $F_{\cdot t}(k)$ 表示不同家庭在时期 t 下的多维贫困状态，行向量 $F_{m \cdot}(k)$ 表示家庭 m 在不同时期下的多维贫困状

态。$\sum_{t=1}^{t} f_m^t(k)$ 表示多维贫困临界值 k 下家庭 m 所经历的贫困持续时期数，有 $0 \leqslant \sum_{t=1}^{t} f_m^t(k) \leqslant t$。最后，令 $\delta_m(\gamma)$ 表示家庭 m 的长期多维贫困评价矩阵。当 $\sum_{t=1}^{t} f_m^t(k) \geqslant \gamma$，家庭 m 被识别为长期多维贫困，计 $\delta_m(\gamma) = 1$；否则家庭 m 不被识别为长期多维贫困，计 $\delta_m(\gamma) = 0$。

根据以上研究设计，构建多维贫困与收入贫困发生率、贫困剥夺份额和贫困持续时间各项贫困评价指数（李晓嘉等，2019）。

其中，贫困发生率 R^c 表示长期贫困的家庭个数 (f_m) 占总家庭样本量 (i) 的比重，可用公式表达为：

$$R^c = \frac{\sum_{m=1}^{i} \delta_m(k,\gamma)}{i} = \frac{f_m^c}{i} \qquad (4.3)$$

贫困剥夺份额 S^c 表示长期贫困家庭的加权平均剥夺份额，可表达为：

$$S^c = \frac{\sum_{m=1}^{i} \sum_{t=1}^{t} c_m^t(k,\gamma)}{\sum_{m=1}^{i} \sum_{t=1}^{t} f_m^t(k,\gamma)} \qquad (4.4)$$

贫困持续期 T^c 表示长期贫困家庭的平均贫困持续期，可表达为：

$$T^c = \frac{\sum_{m=1}^{i} \sum_{t=1}^{t} f_m^t(k,\gamma)}{f^c \times t} \qquad (4.5)$$

其中，R^c、S^c、T^c 分别为贫困的发生率、剥夺份额和持续期，下文的各项贫困指数又具体以多维度和收入剥夺来分析，因此，这两类的贫困指数将分别用 multi、income 进行标识。

（3）贫困测算结果。测度了 2014～2018 年多维贫困与收入贫困发生率的变动趋势（见表 4-6）。横截面计算结果显示，由于收入贫困发生率 R_{income}^c 从 17.29% 下降到 9.92%，但以教育与健康剥夺为度量的多维贫困发生率 R_{multi}^c 呈上升趋势（$k=30\%$，从 38.62% 增加至 44.27%；$k=40\%$，从 9.85% 增加至 17.60%）。可见，随着经济社会的发展，在家庭生活质量和生活水平不断提高的情况下，贫困的主要贡献因素从对基本生活的需求已经逐渐转变成对健康和教育的不同需求程度。在整个考察期间内，教育与健康对长期多维贫困发生程度有着重要影响，如何更大范围地满足农村家庭对教育与健康的不同需求，成为当前扶贫工作应着重关注的问题。纵向计算结果显示，当 $\gamma=1/3$ 时，32.81%（$k=30\%$）与 23.28%（$k=40\%$）的家庭处于多维贫困状态，21.01% 的家庭处于收入贫困状态；多维贫困持续时间 T_{multi}^c 分别占整个考察年份的 46.96%、77.41%，收入贫困持续时间 T_{income}^c 占 74.45%；多维贫困剥夺份额 S_{multi}^c 分别占 6 个考察指标的 27.49%（$k=30\%$）和 61.47%（$k=40\%$），收入贫困剥夺份额 S_{income}^c 占 56.31%。也就是说，在我们考察三年中，5754 个样本家庭中分别有 32.81%（$k=30\%$）、23.28%（$k=40\%$）的家庭至少一年为多维贫困，有 21.01% 家庭至少一年为收入贫困，多维贫困持续时间分别约为 1.41 年（$k=30\%$）和 2.32 年（$k=40\%$），收入贫困持续时间约为 2.23 年，多维贫困指标分别约为 1.7 个（$k=30\%$）和 3.7 个（$k=40\%$），收入贫困指标约为 0.6 个。

表 4 - 6　多维与收入贫困发生率的计算结果

单位:%

主要统计量	横截面计算结果						纵向计算结果（2014 年、2016 年、2018 年）					
	2014 年		2016 年		2018 年		$\gamma = 1/3$		$\gamma = 2/3$		$\gamma = 1$	
多维贫困（k）	30	40	30	40	30	40	30	40	30	40	30	40
多维贫困发生率（R^c_{multi}）	38.62	9.85	40.32	11.66	44.27	17.60	32.81	23.28	24.64	5.79	12.42	1.01
多维贫困剥夺份额（S^c）	60.66	25.18	62.08	29.82	65.31	45	27.49	61.47	41.29	30.55	31.23	7.98
多维贫困持续期（T^c）	—		—		—		46.96	77.41	82.22	96.95	100	100
收入贫困发生率（R^c_{income}）	17.29		11.30		9.92		21.01		5.33		1.88	
收入贫困剥夺份额（S^c）	44.90		29.34		25.76		56.31		28.60		15.09	
收入贫困持续期（T^c）	—		—		—		74.45		93.35		100	

4.2.3 实证结果分析

4.2.3.1 实证研究设计思路

在给出不同贫困类型下（长期收入贫困和 $k=30\%$ 识别的长期多维贫困）采用 2 阶段进行研究。首先，基于因变量为二分变量，因变量分别为长期多维贫困状态与长期收入贫困状态（贫困 $=1$，非贫困 $=0$），本节选取 Logit 模型，在控制了户主的具体特征条件下，研究 1 阶段财政转移支付对家庭长期多维与收入贫困的效应。其次，分别测算家庭对教育需求收入弹性与对健康医疗需求收入弹性在整个考察年度的加权值，作为 2 阶段的关键变量，将其纳入同一模型中来考察财政转移支付对长期多维贫困与收入贫困的改善效应是否与所在家庭对教育与健康医疗的主观需求程度相关，进一步剖析影响家庭长期处于多维贫困与收入贫困减贫效应的具体影响因素。与 1 阶段模型相比，2 阶段模型的最大特点是能反映第 2 阶段的交互项对第一阶段关键效应的影响。这里我们给出一般化的 Logit 模型，公式（4.6）中关键影响因素记为 X_{trans}，其余变量用 τ 概括表示。

1 阶段 Logit 模型，可表示为：

$$Y_{ij} = \beta_{0j} + \beta_{1j} X_{trans} + \beta_{2j}\tau + \varepsilon_{ij} \qquad (4.6)$$

2 阶段 Logit 模型，可表示为：

$$\beta_{0j} = \gamma_{00} + \gamma_{01} W_j + \mu_{0j} \qquad (4.7)$$

$$\beta_{1j} = \gamma_{10} + \gamma_{11} W_j + \mu_{1j} \qquad (4.8)$$

$$\beta_{2j} = \gamma_{20} + \gamma_{21} W_j + \mu_{2j} \qquad (4.9)$$

其中，式（4.6）表示 1 阶段模型，式（4.7）~式（4.9）表示 2 阶段模型，W_j 表示宏观影响变量。1 阶段中的所有 β 可以是随机变动的，也可以设定其不随机变动。在随机变动的情形中，可以设定其仅受随机性因素的影响，也可以设定其受2阶段变量的影响。2阶段模型中关键变量设定根据研究设计的具体需求进行设置。在2阶段模型中，想要得到2阶段因素对X的结构性影响，一般重点关注系数γ_{11}，即表示为若2阶段关键变量W_j变动1%时，1阶段中关键变量X对因变量Y的效应影响变化程度，γ_{11}为连接第1阶段与第2阶段的交互项，若系数显著，则反映了第2阶段关键变量会影响第一阶段X对Y的效应。

4.2.3.2　2阶段Logit模型设计与效应研究

（1）数据与变量。本节在变量描述中给出了2阶段主要变量及其具体定义。因变量为长期多维贫困（$Y_{multi \times t}$）与长期收入贫困（$Y_{income \times t}$），关键自变量为财政转移支付（X_{trans}），控制变量包括户主年龄（Age）、户主年龄的平方除以100（$Age^2\_$）、户主性别（$Male$）、户主受教育年限（$Year\_edu$）与家庭规模（Fam_size）（见表4-7）。

表4-7　　　　　变量的描述性统计

变量	定义	最小值	最大值	均值	标准差
$Y_{multi \times t}$	长期多维贫困（贫困=1，非贫困=0）	0	1	0.094	0.292
$Y_{income \times t}$	长期收入贫困（贫困=1，非贫困=0）	0	1	0.254	0.435
X_{trans}	财政转移支付（收到转移支付=1，未收到=0）	0	1	0.381	0.486
Age	户主年龄	15	88	49.925	13.588
$Age^2\_$	户主年龄的平方再除以100	2.25	77.44	26.771	13.663
$Male$	户主中男性成员比例（男性=1，女性=0）	0	1	0.761	0.427
$Year\_edu$	户主受教育年限	0	19	5.789	4.837
Fam_size	家庭规模人数	1	21	3.918	2.015

（2）实证结果与分析。第一，1 阶段 Logit 模型效应分析。1 阶段为财政转移支付对长期多维贫困与收入贫困减贫的效应研究。从表 4 - 8 回归结果来看，控制了户主特征变量后，财政转移支付对长期多维贫困与收入贫困状态均产生了显著负向影响。进一步分析可知，财政转移支付对农村家庭的长期多维贫困的减贫效应比长期收入贫困更加显著。基于 Logit 模型的特殊性，为了更直接地理解财政转移支付对长期多维贫困与收入贫困的贡献率，本节将回归结果转化为边际效应。

表 4 - 8　　　财政转移支付对长期多维贫困与收入贫困减贫
效应的 Logit 回归结果

变量	长期多维贫困模型	长期收入贫困模型
X_{trans}	- 0. 408 *** （0. 099）	- 0. 308 *** （0. 067）
Age	- 0. 002 （0. 019）	- 0. 796 *** （0. 013）
Age^2 _	- 0. 020 （0. 02）	0. 093 *** （0. 013）
$Male$	- 0. 346 *** （0. 108）	- 0. 420 *** （0. 076）
$Year\_edu$	- 0. 071 *** （0. 010）	- 0. 137 *** （0. 008）
Fam_size	0. 151 *** （0. 022）	0. 049 *** （0. 017）
$logL$	- 1722. 67	- 2939. 62
LR 统计量	151. 25	638. 92
样本量	5754	5754

注：按照 k = 30% , γ = 2/3 的标准测度长期多维贫困；括号内为标准误； * 、 ** 、 *** 分别表示在 10% 、 5% 、 1% 的水平下显著。

从表 4 - 9 的边际效应回归结果来看，关键变量财政转移支付

的边际效应对长期多维贫困与收入贫困的减贫效应的效果和符号
均保持一致，均对两类贫困指标呈显著性的负向影响，反映了样
本家庭中，每单位家庭收到财政转移支付，均能有效缓解家庭在
长期内的多维贫困与收入贫困发生率。从不同维度下衡量的贫困
状态进一步分析，财政转移支付对两类贫困状态的减贫效应影响
程度具有一定差距，尤其结合当前的经济发展水平，一方面，政
府部门对处于长期多维贫困和收入贫困的农村家庭给予救助和经
济补贴，对两类贫困状态的减贫都是有明显效果的。从控制变量
中发现，户主为男性、年龄越大的、受教育程度越高的小规模农
村家庭对财政转移支付减贫的反应程度更强，说明其陷入两类贫
困状态的概率也越低。另一方面，对处于长期收入贫困状态的农
村家庭来说，其减贫效应要比对长期多维贫困更为显著，说明以
教育和健康贫困剥夺指标衡量的多维贫困状态对财政转移支付的
反应程度比收入贫困要小。具体来说，处于长期多维贫困的家庭，
若收到财政转移支付可以有效改善长期内多维贫困的效应概率为
3.2%；处于长期收入贫困的家庭，若收到财政转移支付可以有效
改善长期内收入贫困的效应概率为 5.2%。为进一步剖析对长期多
维家庭在教育、健康医疗方面的减贫效应影响，下文将测算贫困
家庭对教育、健康医疗需求收入弹性并将其纳入同一模型进行
分析。

表 4-9   基于财政转移支付对长期多维贫困与收入贫困
减贫回归结果的边际效应

变量	长期多维贫困模型	长期收入贫困模型
X_{trans}	- 0.032 ***	- 0.052 ***
Age	- 0.0002	- 0.0134 ***

变量	长期多维贫困模型	长期收入贫困模型
$Age^2\_$	− 0. 0017	0. 0157 ***
$Male$	− 0. 029 ***	− 0. 071 ***
$Year\_edu$	− 0. 0059 ***	− 0. 0231 ***
Fam_size	0. 0125 ***	0. 0084 ***

注：按照 $k = 30\%$ ， $\gamma = 2/3$ 的标准测度长期多维贫困；* 、 ** 、 *** 分别表示在 10% 、5% 、1% 的水平下显著。

第二，2 阶段 Logit 模型设计与效应研究。

首先，确定 2 阶段 Logit 模型的数据与变量。定义公共品的需求收入弹性。经济学意义上的需求收入弹性（income elasticity of demand， Ed_I ）是指一定时期内，在其他条件均保持不变的情况下，消费者的收入（ I ）变动对一种商品的需求量（ Q ）变动的影响程度，或一种商品的需求量变动对于消费者收入变动的反映程度。而公共品的需求收入弹性（income elasticity of demand on public goods， Ed_{I_public} ）可表示为，一定时期内，在其他条件均保持不变的情况下，该公共品消费者收入变动对一种公共产品的需求量（ $Q_{PublicGoods}$ ）变动的影响程度（Hashimoto and Heath，1995）。本节主要研究农村家庭对教育的需求收入弹性（ Ed_{I_edu} ）和对健康的需求收入弹性（ Ed_{I_health} ），公共品需求是消费者愿意并且能够支付的公共品的需求量，即在每个家庭预算约束下可用货币支付的需求。因此，农村家庭对教育、健康这两类公共品支付的货币，即为对教育和健康公共品的需求。根据从 CFPS 数据库中家庭经济模块中得到的年均家庭教育经费开支与年均家庭健康经费开支，得到对农村家庭对教育和健康的需求量，分别用 Q_{edu} 、 Q_{health} 表示，农村家庭的年收入作为消费这两类商品消费者的收入量（ I_{rural} ），用 Y 表示，具体公式表述如下。

需求收入弹性：

$$Ed_I = \frac{\frac{\Delta Q}{Q}}{\frac{\Delta I}{I}} = \frac{\Delta Q}{\Delta I} \times \frac{I}{Q} \quad (Ed_I \geqslant 0) \tag{4.10}$$

公共品需求收入弹性：

$$Ed_{I\_public} = \frac{\frac{\Delta Q_{PublicGoods}}{Q_{PublicGoods}}}{\frac{\Delta I}{I}} = \frac{\Delta Q_{PublicGoods}}{\Delta I} \times \frac{I}{Q_{PublicGoods}} \quad (Ed_I \geqslant 0)$$

$$\tag{4.11}$$

农村家庭对教育的需求收入弹性：

$$Ed_{I\_edu} = \frac{\frac{\Delta Q_{edu}}{Q_{edu}}}{\frac{\Delta I_{rural}}{I_{rural}}} = \frac{\Delta Q_{edu}}{\Delta I_{rural}} \times \frac{I_{rural}}{Q_{edu}} \quad (Ed_I \geqslant 0) \tag{4.12}$$

农村家庭对健康的需求收入弹性：

$$Ed_{I\_health} = \frac{\frac{\Delta Q_{health}}{Q_{health}}}{\frac{\Delta I_{rural}}{I_{rural}}} = \frac{\Delta Q_{health}}{\Delta I_{rural}} \times \frac{I_{rural}}{Q_{health}} \quad (Ed_I \geqslant 0) \tag{4.13}$$

其中，ΔI、ΔI_{rural} 分别为一般消费者和农村家庭的收入变化量；ΔQ、$\Delta Q_{PublicGoods}$、ΔQ_{edu}、ΔQ_{health} 分别为对一般商品、公共品、教育与健康医疗需求量的变化量。

其次，测算公共品的需求价格弹性。为研究农村家庭收入与教育、健康公共品间的需求关系，通过构建双对数模型，以农村家庭收入的自然对数为关键自变量，以对教育、健康的需求的自然对数为因变量，建立一般回归方程，求得自变量系数，即可分别测算出家庭对教育、健康的需求收入弹性。模型构建如下：

$$\ln_{Ed_{I\_edu}} = \alpha + \beta_e \ln_Y + \varepsilon \quad (4.14)$$

$$\ln_{Ed_{I\_health}} = \alpha + \beta_h \ln_Y + \varepsilon \quad (4.15)$$

其中，β_e 为教育需求收入弹性；β_h 为健康医疗需求收入弹性。

最后，构建分阶段 Logit 模型。

1 阶段（财政转移支付）：

$$y_{ij}^c = \frac{1}{1 + e^{-\tau_{ij}}}, c = multi, income \quad (4.16)$$

$$\tau_{ij} = \beta_{0j} + \beta_{1j} X_{trans} + \beta_{2j} Age_{ij} + \beta_{3j} Age^2_{-ij} + \beta_{4j} Male_{ij}$$
$$+ \beta_{5j} Year\_edu_{ij} + \beta_{6j} Fam\_size_{ij} + \varepsilon_{ij} \quad (4.17)$$

2 阶段（公共品的需求收入弹性）：

$$\beta_{0j} = \gamma_{00} + \gamma_{01} E_{eduj} + \gamma_{02} E_{healthj} + \mu_{0j} \quad (4.18)$$

$$\beta_{1j} = \gamma_{10} + \gamma_{11} E_{eduj} + \gamma_{12} E_{healthj} + \mu_{1j} \quad (4.19)$$

$$\beta_{2j} = \gamma_{20} \quad (4.20)$$

$$\beta_{3j} = \gamma_{30} \quad (4.21)$$

$$\beta_{4j} = \gamma_{40} \quad (4.22)$$

$$\beta_{5j} = \gamma_{50} \quad (4.23)$$

$$\beta_{6j} = \gamma_{60} \quad (4.24)$$

其中，下标 j 表示第 j 个家庭；两阶段的残差项 ε_{ij} 与 μ_{0j}、μ_{1j} 均服从正态分布。在模型设计中，β 参数为关键自变量与控制变量的系数。为了得到公共品需求收入弹性与财政转移支付共同作用的交互项，将上述方程集进行合并，得到：

$$y_{ij}^c = \frac{1}{1 + e^{-\tau_{ij}}}, c = multi, income \quad (4.25)$$

$$\tau_{ij} = \gamma_{00} + \gamma_{01}E_{edu\,j} + \gamma_{02}E_{health\,j} + \gamma_{10}X_{trans} + \gamma_{20}Age_{ij} + \gamma_{30}Age^2_{\ -ij} + \gamma_{40}Male_{ij}$$
$$+ \gamma_{50}Year\_edu_{ij} + \gamma_{60}Fam\_size_{ij} + \gamma_{11}X_{trans}E_{edu\,j} + \gamma_{12}X_{trans}E_{health} + \sigma_{ij}$$

$$(4.26)$$

其中, $\sigma_{ij} = \varepsilon_{ij} + \mu_{0j}$。通过合并两阶段公式,可以发现第 1 阶段中考察财政转移支付对长期多维与收入贫困家庭的效应影响,可分解为第 2 阶段中的平均效应 (γ_{10})、异质性效应 (γ_{11}、γ_{12}) 和残差项估计 (σ_{ij}),其中异质性效应,即教育、健康的需求收入弹性分别与财政转移支付共同作用的交互项估计系数是接下来关注的重点。

接下来,进行交互效应的检验。在进行交互项分析前,需要先检验交互项组成的变量是否存在交互效应,通过 Wald 检验两个交互项是否联合显著,即检验原假设两个交互项的系数全为 0。交互项分别为家庭对教育需求收入弹性与财政转移支付的交互效应 ($X_{trans} \times E_{edu}$) 和家庭对健康医疗需求收入弹性与财政转移支付的交互效应 ($X_{trans} \times E_{health}$),检查结果 (见表 4 – 10)。

表 4 – 10 交互项的联合效应检验

变量	长期多维贫困	长期收入贫困
Wald (Prob)	0.0203 **	0.0038 ***
chi2 (2)	7.8	11.12

注: * 、** 、*** 分别表示在 10%、5%、1% 的水平下显著。

由表 4 – 10 检验结果可知,在长期多维贫困与长期收入贫困模型中,引入 $X_{trans} \times E_{edu}$ 与 $X_{trans} \times E_{health}$ 交互项的 Prob 值均小于 chi2,且均在 0.1 的置信水平上显著,拒绝原假设两个交互项的系数是否全为 0,表明该两个交互项的联合显著性检验均通过。在引入交互项后,Logit 模型估计财政转移支付对长期多维与收入贫困边际效应回归结果。2 阶段 Logit 回归模型中，关键自变量除了财政转移支付外，家庭对教育需求收入弹性（Ed_{I_edu}）、家庭对健康医疗需求收入弹性（Ed_{I_health}）、教育需求收入弹性与财政转移支付交互项（$X_{trans} \times E_{edu}$）和健康医疗需求收入弹性与财政转移支付的交互项（$X_{trans} \times E_{health}$）均是 2 阶段的关键自变量，其描述性统计（见表 4 – 11）。

表 4 – 11　　　　　2 阶段 Logit 模型增加变量的描述性统计

变量	定义	最小值	最大值	均值	标准差
Ed_{I_edu}	家庭对教育需求的弹性	0	2.044	0.385	0.332
Ed_{I_health}	家庭对健康医疗需求的弹性	0.209	2.414	0.819	0.270
$X_{trans} \times E_{edu}$	教育需求收入弹性与财政转移支付的交互项	0	1.269	0.152	0.287
$X_{trans} \times E_{health}$	健康医疗需求收入弹性与财政转移支付的交互项	0	2.133	0.307	0.410

从表 4 – 12 的 2 阶段 Logit 边际效应的回归结果可知，农村家庭对教育、健康的需求收入弹性，对长期多维贫困与长期收入贫困的边际效应均呈显著的正向效应，即单位家庭若加大对教育、健康的经费支出，可能会加重家庭的长期多维贫困与收入贫困状态。这说明，农村家庭的支出仍很大程度受限于家庭的预算收入，且农村收入的增幅变动很小，具有刚性，家庭对维持基本生活的支付会对其在教育和健康医疗上的需求存在明显的挤出效应，当低收入农村家庭想从刚性收入中挪出用于扩大对教育和健康医疗的需求时，家庭对教育、健康的需求程度会超出家庭的预算收入，表现为家庭对教育、健康医疗的需求收入弹性为正向变动，而导致其家庭处于长期多维贫困的贡献率分别为 13.2%、9.35%，对其处于长期收入贫困的贡献率分别为 11.8%、15.5%。

进一步分析，随着家庭对教育和健康医疗需求的提升，政府财政转移支付对改善贫困的效应是否有所增强。从表4-12中可知，首先，从转移支付的单个效应来看，不论是长期多维贫困模型还是长期收入贫困模型，每单位家庭获得财政转移支付对改善其长期多维贫困与长期收入贫困的效应是显著的，使其改善的概率分别增加了6.1%、12.1%。这个结果与1阶段Logit回归结果保持了高度一致性；同时，也意味在引入两类公共品需求收入弹性变量后，增加财政转移支付可以增强对长期多维与长期收入贫困的减贫效应，分别较1阶段减贫效应概率提升了2.9%和9.5%。其次，考察两类交互效应的影响，发现家庭对教育的需求收入弹性与财政转移支付的交互效应呈显著负向作用，而家庭对健康教育的需求收入弹性与财政转移支付的交互效应呈显著的正向作用。这说明，当单位家庭收到同等数额的转移支付收入时，若其对教育上的需求程度不断增加，财政转移支付对改善长期多维贫困和收入贫困状态均有显著的正效应，且效果大于1阶段。但是，若其不断增加对健康医疗上的需求，财政转移支付对改善这两类贫困状态均呈显著的负效应。这可能是因为，农村家庭对教育开支占比要大大低于对健康医疗的开支占比，当前农村家庭在教育上的支付尽管是逐年递增的，其对教育的需求主要表现在基础教育方面，其开支增幅变动比较小，但是农村家庭对健康医疗上的需求在逐年递增趋势下，其成员处于亚健康状态和患有慢性疾病的概率占比也逐年增大，意味着健康医疗的实际成本与机会成本将会不断提高。最后，从两大衡量维度的贫困模型比较来看，长期收入贫困模型的边际效应都要高于长期多维贫困模型的边际效应。这说明，首先应确保农村家庭摆脱长期收入的贫困状态，另外，只有考虑到贫困家庭对教育、健康医疗公共服务的不同需求程度，政府在设计和制定财政转移支付政策上才能更有效地防范我国农村脱贫家庭重新返贫。

表 4 - 12　2 阶段 Logit 长期多维贫困与收入贫困回归结果的边际效应

变量	长期多维贫困模型	长期收入贫困模型
X_{trans}	- 0. 061 *	- 0. 121 **
Ed_{1_edu}	0. 132 ***	0. 118 ***
Ed_{1_health}	0. 0935 ***	0. 155 ***
$X_{trans} \times E_{edu}$	- 0. 055 **	- 0. 092 **
$X_{trans} \times E_{health}$	0. 066 **	0. 130 **
家庭户主特征变量	控制	控制
$logL$	- 1646. 17	- 2879. 36
LR 统计量	304. 26	759. 45
样本量	5754	5754

注：按照 $k = 30\%$ ，$\gamma = 2/3$ 的标准测度长期多维贫困；＊、＊＊、＊＊＊分别表示在 10% 、5% 、1% 的水平下显著。

4.2.3.3　稳健性检验

为了确保回归结果的稳健性，通过替换被解释变量和更换估计方法，将多维长期贫困和多维收入贫困评价由原来考察的贫困持续时间 $\gamma = 2/3$ 替换为 $\gamma = 1$ ，并用随机效应 Probit 模型对两类模型进行减贫效应回归。表 4 - 13 汇报了稳健型检验分析结果，回归结果显示，控制了户主特征变量，在加入家庭对教育、健康医疗需求收入弹性分别与财政转移支付的交互效应后，除了家庭对教育需求收入弹性与财政转移支付的交互效应是不显著的，其他关键变量，即转移支付项和家庭对教育、健康的需求收入弹性以及家庭对健康医疗需求收入弹性与财政转移支付交互效应均分别在 10% 、5% 、1% 的水平上高度显著，变量的系数符号与用 2 阶段 Logit 模型保持了一致性，且模型均通过了 Wald 检验，说明引入家庭对教育和健康的需求收入弹性分析财政转移支付对长期多维贫困和收入贫困的减贫效应的结论稳健可靠。

表 4 – 13　Probit（Robust）模型稳健性检验的边际效应回归结果

变量	长期多维贫困模型	长期收入贫困模型
X_{trans}	-0.10^{***} （0.025）	-0.157^{***} （0.043）
Ed_{I_edu}	0.0662^{***} （0.011）	0.032^{*} （0.018）
Ed_{I_health}	0.0658^{***} （0.012）	0.143^{***} （0.021）
$X_{trans} \times E_{edu}$	-0.025 （0.021）	-0.05^{*} （0.03）
$X_{trans} \times E_{health}$	0.095^{***} （0.028）	0.151^{**} （0.051）
家庭户主特征变量	控　制	控　制
$\log L$	-1646.17	-2885.9
Wald 统计量	304.26	714.23
样本量	5754	5754

注：按照 $k = 30\%$，$\gamma = 1$ 的标准测度长期多维贫困；括号内为标准误；*、**、*** 分别表示在 10%、5%、1% 的水平下显著。

4.3　本章小结

本章 2 阶段的实证结果为缩小我国基本公共服务城乡差距的财政政策效应提供检验依据。

基础分析实证结论表明：我国城乡间基本公共服务供给水平存在显著空间自相关，并呈现出显著的空间溢出态势；通过空间面板回归分析，城乡经济差距、人均中央净补助对缩小我国基本公共服务城乡差距水平具有显著的正向影响，其中城乡经济差距带来的边际贡献最大，而财政支出分权度、人均财政支出以及财政自给率对其有显著的负向影响，说明缩小城乡经济差距问题对缩小我国基本公共服务城乡差距具有重要理论与实践意义，也为模型2中缩小城乡经济差距问题研究提供了条件基础；通过空间系数检验发现，我国基本公共服务城乡差距指数的被解释变量的空间滞后系数显著为负，说明我国基本公共服务城乡差距水平存在一定的空间相关性。

　　拓展分析实证结论表明：财政转移支付对农村家庭不论处于多维贫困还是收入贫困状态均有显著的减贫效应，对改善长期多维贫困模型的效应较长期收入贫困模型更显著，是缩小城乡经济差距的重要政策工具。另外，还测算了三个考察年度农村家庭对教育和健康两类公共品的需求收入弹性，并检验了随着家庭对教育和健康的需求的提升，财政转移支付是否对改善我国家庭长期贫困状态具有加强效应。实证结果表明，每单位家庭获得财政转移支付对改善其长期多维贫困与长期收入贫困的效应是显著的，且要大于未考虑公共品需求收入弹性下的效应。说明对教育不断增强需求的农村家庭而言，随着教育需求收入弹性的不断增加，财政转移支付收入会有效降低其长期多维贫困和长期收入贫困状态，且对改善长期收入贫困模型的效应较长期多维贫困模型更显著。但是，农村家庭减贫效应对健康医疗需求收入弹性影响较小甚至存在负效应。

第5章 缩小基本公共服务区域差距财政政策的实证分析

本章将通过模型构建对缩小基本公共服务区域差距进行基础性与拓展性的实证分析，其中，基础分析检验财政体制和制度等因素对基本公共服务区域差距的影响方向和作用力度；拓展分析分为检验地方政府行为支出偏好和中央策略遵从度对基本公共服务区域差距的作用效应。

5.1 基础分析：基本公共服务区域差距影响因素的实证分析

本节通过构建空间模型，选取研究变量，并通过对空间模型效应、最优拟合度等进行最优的筛选，旨在检验政策制度中的财政体制、经济发展水平、城镇化水平等方面对基本公共服务区域差距的影响方向与作用力度。

5.1.1 空间计量模型的选取

5.1.1.1 空间权重矩阵选取

根据"地理学第一定律",空间模型估计的有效性是在空间结构被正确反映的情况下确立的,王守坤(2013)认为进行空间计量分析时,为了将空间交互作用有效地并入回归模型中,构建空间权重矩阵能够清晰地反映空间截面单元某些地理、经济属性间的相互依赖程度,是进行空间效应分析必不可少的核心步骤。目前主要的空间权重形式有"0、1 距离矩阵""反距离矩阵""经济距离矩阵"等。本书借鉴余永泽、刘大勇(2013)的研究来构建0、1 距离矩阵,这种空间权重矩阵形式最符合人们对空间关系的认知,能最好反映"地理学第一定律"的特征,也是最常用的空间权重矩阵。其设置规制可表示为:

$$W_{ij} = \begin{cases} 0 & \text{当省份 } i \text{ 与省份 } j \text{ 为不相邻省份} \\ 1 & \text{当省份 } i \text{ 与省份 } j \text{ 为相邻省份} \end{cases}$$

5.1.1.2 空间计量模型

空间计量模型主要有四类,即空间自相关模型(SAC)、空间滞后模型(SLM)、空间误差模型(SEM)和空间杜宾模型(SDM)。空间自相关模型(SAC)适用于模型变量中内生交互效应和误差项之间存在的交互效应;空间滞后模型(SLM)主要处理区域行为受到文化环境及与空间距离有关的空间自回归问题,具有很强的地域性(Anselin et al.,1996)。由于 SLM 模型与时间序列中自回归模型相类似,因此 SLM 也被称作空间自回归模型(spatial autoregressive model,SAR);空间误差模型(SEM)优先应用于模型变量的误差项存在空间自相关性;空间杜宾模型适用于模型变量中同时考虑因变量和自变量的空间自相关性。

空间自相关模型的表达式为:

$$\begin{cases} y = \delta Wy + \alpha l_N + X\beta + \mu \\ \mu = \lambda W\mu + \varepsilon \end{cases} \qquad (5.1)$$

参数 δ 为空间自相关系数,Wy 为解释变量间存在的内生交互效应,$W\mu$ 为不同单位的干扰项之间存在的交互效应,β 反映解释变量对被解释变量的影响,μ 为随机误差项向量,ε 为正态分布的随机误差向量。

空间滞后模型的表达式为:

$$y = \delta Wy + X\beta + \varepsilon \qquad (5.2)$$

空间误差模型的表达式为:

$$\begin{cases} y = \alpha l_N + X\beta + \mu \\ \mu = \lambda W\mu + \varepsilon \end{cases} \qquad (5.3)$$

式中的 λ 为 $n \times 1$ 阶的截面因变量向量的空间误差系数。

空间杜宾模型的表达式为:

$$y = \delta Wy + \alpha l_N + X\beta + \theta WX + \varepsilon \qquad (5.4)$$

参数 θ 是 $K \times 1$ 阶固定且未知的需要估计的参数向量,WX 是解释变量之间存在的外生交互效应。

5.1.2 变量选择与描述性统计

5.1.2.1 变量的选取

被解释变量。基本公共服务区域差距水平(regional public service differentiation index,$PSDI\_R$),以 31 省份的基本公共服务区域差距指数来表示。

解释变量。(1)财政支出分权度 FE_R。该指标用来反映各地方政府的不同财政支出水平，为了更好地从横向比较各地政府间的财政支出水平以及分析人口因素的影响，本书剔除了人口数量的影响，对该指标进行了人均化的处理，用来对各不同地区地方政府支出行为之间进行横向比较。因此，本书选取用各地区预算内人均财政支出占各地区预算内人均财政支出与中央预算内人均财政支出之和的比重进行衡量。（2）人均财政支出。地方财政支出直接体现了政府活动范围和支持的公共服务领域（杨得前和刘仁济，2018），也是实现缩小各地区基本公共服务差距目标的关键。基本公共服务供给对政府财政的依赖性较强，因此有必要将包含教育、卫生医疗、社会保障等公共服务领域的财政支出纳入解释变量，以考察基本公共服务支出对区域收入人均差距的直接与间接影响，这也是考察公共财政经济社会效应的实证研究常用的变量（陈晶璞，2011；龚锋，2013；肖建华，2015）。为了比较我国基本公共服务均等化水平的时空动态变化以及进一步研究剔除人口因素的基本公共服务的区域均等化，本书选取地方人均财政支出作为基本公共服务均等化水平的影响因素，分析比较人均财政支出对各省基本公共服务均等化的空间效应。（3）人均中央净补助。该指标反映中央财政对地方财政的净转移支出情况。在财政分权体制下，地方政府对中央的转移支付依赖程度不断增强。中央财政拨款领域包括了地方政府的基本公共服务领域，因此人均中央净补助不仅可用来衡量地方政府对中央财政的依赖性，还一定程度上由于"粘蝇纸效应"，有效刺激地方政府对财政投入的积极性，从而促进地区公共服务水平的提升（马光荣，2016；曾明，2014；陈斐，2015；唐沿源，2014）。该变量的衡量方法为［中央补助收入（即中央对地方税收返还和转移支付数额）－上解中央支出〕该地区年末常住人口数。（4）财政自给率 *F_SY*。该指标通常用来衡量各地方政府依靠自身财力的程度，表示各地区自由财力的状况。该变量的衡量方法为地方财政税收收入占地方财政一般预算支出的比重（陶然和刘明兴，2007；易莹莹，2016；徐俊兵、韩信和罗昌财，2017）。

控制变量。为避免因遗漏重要变量而产生内生性问题，选取了 3 个可能会影响基本公共服务均等化水平的高度相关变量。（1）经济增长（*GDP_PER*）。已有研究表明，基本公共服务的不均等程度与本辖区经济发展的不均等呈正相关关系。地区经济水平越高的居民对当地政府基本公共服务供给的偏好性越大（吴永求和赵静，2016；徐虹，2015；米增渝，2012；陈安平，2010；许冰，2010），而且一般认为经济较为发达的地区财政支出效率较高。因此，本书采用人均 GDP 来表示经济发展水平的指标。（2）城镇化水平（*URB*）。我国城镇化的核心是人的城镇化，要加快推进基本公共服务均等化，实现基本公共服务供给效率提升与城镇人口数量的加速增长相匹配（穆怀中，2016；王敏，2015；吕炜，2013；杨志海，2013；吴先华，2011）。因此，本书采用城镇人口占总人口的比重来表示。（3）人口密度（*P_D*）。该指标用于反映不同地区内的人口聚集程度。在聚集效应的影响下，不同空间地理位置与人口的疏密程度对该地区公共服务供给的成本与规模有一定影响。人口密度大的地区，人均分摊公共服务投入的单位程度较低，当然也要注意人口聚集性强对公共服务供给的挤出效应。该指标用地区常住人口与地区面积比来衡量。

5.1.2.2 变量的描述性统计

各变量的描述性统计见表 5 – 1。

表 5 – 1 各变量的描述性统计

变量	变量解释	观测值	极小值	极大值	平均值	标准差
R_PSDI	基本公共服务差距指数	248	0.300	0.455	0.412	0.017
$Fiscal\_D$	财政分权支出度	248	0.787	0.961	0.863	0.041
FE_Per	人均财政支出	248	0.452	5.788	1.296	0.770
$Trans\_p$	人均中央净补助	248	0.108	4.954	0.596	0.652
F_SY	财政自给率	248	0.041	0.826	0.346	0.165
GDP_Per	经济增长	248	1.641	14.021	5.213	2.463
Ur_R	城镇化水平	248	0.227	0.896	0.561	0.132
Ur_D	人口密度	248	0.052	0.582	0.281	0.116

5.1.3 空间模型的最优筛选

为了对基本公共服务区域差距影响因素进行实证分析，本书建立以下空间模型：

$$
\begin{cases}
\ln PSDI\_R_{it} = \delta W \times \ln PSDI\_R_{it} + \beta_1 \ln Fiscal\_D_{it} + \beta_2 \ln FE\_Per_{it} \\
+ \beta_3 \ln Trans_{p_{it}} + \beta_4 \ln F\_SY_{it} + \beta_5 \ln GDP\_Per_{it} + \beta_6 \ln Ur\_R_{it} \\
+ \beta_7 \ln Ur\_D_{it} + \theta W \times \ln Fiscal_{d_{it}} + \theta W \times \ln FE\_Per_{it} + \theta W \times \ln Trans_{P_{it}} \\
+ \theta W \times \ln F\_SY_{it} + \theta W \times \ln GDP\_Per_{it} + \theta W \times \ln Ur\_R_{it} \\
+ \theta W \times \ln Ur\_D_{it} + \gamma_t + \varepsilon_i + \mu_{it} \quad \mu_{it} = \lambda W \mu_t + \tau_{it}
\end{cases}
$$

$$(5.5)$$

其中，$PSDI\_R_{it}$ 为第 i 个区域第 t 年的基本公共服务差距指数；X_{it} 是解释变量向量矩阵，包括影响 $PSDI\_R_{it}$ 指数水平的初选 7 个变量，分别为：财政分权支出度 $Fiscal\_D$、人均财政支出

FE_Per、中央补助收入 $Trans\_p$、财政自给度 F_SY、经济发展水平 GDP_Per、城镇化率 Ur_R、城市人口密度 Ur_D；W 为全国 31 省份的 0、1 空间地理权重矩阵；γ_t 表示不随个体而变化的时间效应；ε_i 为第 i 个区域不随时间变化的非观测效应；μ_{it} 为随机干扰项；δ 表示空间滞后回归的系数；θ 表示解释变量空间滞后的系数；λ 表示随机干扰项空间滞后的系数。

根据该模型的系数 δ、θ、λ 是否为零，具体可分为以下五个模型：

若 $\delta = 0$、$\theta = 0$、$\lambda = 0$，为普通面板模型（OLS）；

若 $\delta \neq 0$、$\theta = 0$、$\lambda \neq 0$，为空间自相关模型（SAC）；

若 $\delta \neq 0$、$\theta = 0$、$\lambda = 0$，为空间滞后模型（SLM），也称为空间自回归模型（SAR）；

若 $\delta = 0$、$\theta = 0$、$\lambda \neq 0$，为空间误差模型（SEM）；

若 $\delta \neq 0$、$\theta \neq 0$、$\lambda = 0$，为空间杜宾模型（SDM）。

本书通过以下步骤在这五类模型中进行最优选择。

第一步，利用初选的 7 个影响因素解释变量，针对普通面板模型进行混合效应、固定效应和随机效应之间的检验。

从表 5 - 2 中可以看出，混合回归模型对 FE 检验的 chi2 统计值为 22.75，其 P 值为 0.001，因此，在 1% 的显著性水平下强烈拒绝了"各个省份间个体效应均相等"的原假设，说明此阶段检验 FE 回归的效果要优于 RE。

表 5 - 2　　　　全国空间随机效应和固定效应的检验结果

变量	系数		（b－B）差异	Sqrt（diag（V_ b－V_B））S. E.
	（a）FE	（b）RE		
$Fiscal\_D$	－0.13813	－0.10269	0.015697	0.015697
FE_Per	0.018667	0.004917		

变量	系数		（b－B）差异	Sqrt（diag（V_ b－V_B））S. E.
	（a）FE	（b）RE		
Trans_p	0. 010065	0. 00711	0. 001677	0. 001677
F_SY	0. 001058	0. 002071	－ 0. 00101	
GDP_PER	－ 0. 00026	0. 0027	－ 0. 00296	
Ur_R	0. 04592	0. 036268	0. 009652	
Ur_D	0. 002766	0. 00241	0. 000357	
chi2（7）	22. 75			
Prob > chi2	0. 001			

第二步，参照表 5 - 2 的检验结果，在 OLS、SAC、SEM、SAR、SDM 五类模型间的 FE 和 RE 效应再检验比较。选择方法为通过初选的 7 个影响因素解释变量，对这五类模型分别进行 Hausman 检验，筛选出五类模型最优的效应类别。同时，为了反映不同区域间的基本公共服务差距的影响程度，本书对全国整体、东部、中部与西部地区均通过比较 FE 和 RE 效应检验的结果筛选出最优类别。

表 5 - 3 中，RE 表示随机效应模型，FE 表示固定效应模型。从全国整体上来看，OLS、SAR 和 SDM，Hausman 检验值分别为 68. 14、62. 26 和 22. 75，其 P 值分别为 0. 000、0. 0000、0. 001，因此强烈拒绝了原假设，均采用 FE 检验回归。基于 SAC 模型本身不能进行随机效应回归，因此应采用固定效应模型（陈强，2014）。其 SEM 的霍斯检验值为 6. 96，对应 P 值为 0. 272，因此接受原假设，选择随机效应模型。从东部、中部、西部地区来看，东部地区对五个模型进行霍斯曼检验，得出的结论与全国的结论一致，其 OLS、SAR、SDM 都在 1% 的显著性水平下拒绝了原假

设，其检验的 P 值分别为 0.000、0.000 和 0.008，故选择固定效应模型。其 SEM 在 0.867 的 P 值下接受了"随机效应模型正确"的原假设，而中部地区中 SEM、SDM 的霍斯曼检验的 P 值分别为 0.362 和 0.965，均接受"随机效应模型正确"的原假设，其 OLS 和 SAR 对应的霍斯曼检验分别在 1% 和 5% 的显著性下拒绝了原假设，因此，均选择固定效应模型。西部地区对五类模型进行霍斯曼检验的结果均在 1% 的显著性水平下拒绝了原假设，故均选择用 FE 模型进行回归。

表 5－3　　　　五个备选模型固定效应与随机效应的检验结果

区域	项目	OLS	SAC	SEM	SAR	SDM
全国	检验结果	FE	FE	RE	FE	FE
	P 值	0.000	—	0.272	0.000	0.001
	Hausman 检验	68.14	—	6.96	62.26	22.75
东部	检验结果	FE	FE	RE	FE	FE
	P 值	0.000	—	0.867	0.000	0.008
	Hausman 检验	26.56	—	4.32	32.18	2.13
中部	检验结果	FE	FE	RE	FE	RE
	P 值	0.000	—	0.362	0.041	0.965
	Hausman 检验	257.37	—	1.17	14.64	1.91
西部	检验结果	FE	FE	FE	FE	FE
	P 值	0.000	—	0.000	0.000	0.000
	Hausman 检验	30.67	—	52.78	78.72	28.14

最后，确定了五类模型的效应检验类别后，再分别对这五大类模型进行动态空间回归，根据回归结果对系数 δ、θ、λ 进行显著性检验，检验是否存在被解释变量的空间滞后效应即可在备选的五个模型中选择出最优的空间动态模型。同时，为了分

析不同区域间基本公共服务差距的影响因素，本书对全国整体、东部、中部与西部地区分别进行了模型的最优选择与空间回归。

表 5 - 4 中，Spatial "rho" 为区域公共服务差距指数的空间自回归系数，"lambda" 为随机干扰项的空间自回归系数。从全国来看，其 SAC 模型检验原假设 "rho = 0" 的统计值为 - 7.75，其 P 值为 0.000，检验原假设 "lambda = 0" 的统计值为 32.40，其 P 值为 0.000，因此，在 1% 显著性水平下强烈拒绝了该原假设，说明存在被解释变量的空间滞后效应与空间误差的滞后效应。其 SDM 系数 "rho = 0" 的统计值 5.68，其 P 值为 0.000，因此，在 1% 显著水平下拒绝了该原假设，说明其被解释变量存在空间滞后效应。而 SEM 和 SAR 模型均未通过空间滞后系数的显著性检验，因此，综合四个模型的检验结果，应该优先选择 SAC 与 SDM 模型。从东部、中部、西部地区来看，东部地区的 SAC 模型检验原假设 "rho = 0" 的统计值为 - 5.68，其 P 值为 0.000；检验原假设 "lambda = 0" 的统计值为 10.17，其 P 值为 0.000，因此，在 1% 显著性水平下强烈拒绝了该原假设，说明存在被解释变量的空间滞后效应与空间误差的滞后效应。其 SDM 模型 "rho = 0" 的统计值为 4.28，其 P 值为 0.000，因此，在 1% 显著水平下拒绝了该原假设，说明其被解释变量存在空间滞后效应。而 SEM 模型和 SAR 模型均未通过空间滞后系数的显著性检验。中部地区仅有 SAR 模型 "rho = 0" 的统计值为 - 1.70，其 P 值为 0.088，因此，在 10% 显著水平下拒绝了该原假设，说明其被解释变量存在空间滞后效应。而 SAC、SEM、SDM 模型均未通过空间滞后系数的显著性检验。西部地区的 SEM 模型系数 "lambda = 0" 的统计值为 2.55，

其 P 值为 0.011，因此，在 5% 显著性水平下强烈拒绝了该原假设，说明存在空间误差的滞后效应。其 SDM 模型"rho = 0"的统计值为 1.88，其 P 值为 0.060，因此，在 1% 显著水平下拒绝了该原假设，说明其被解释变量存在空间滞后效应。而 SAC 和 SAR 模型均未通过空间滞后系数的显著性检验。

表 5 - 4　　　　　　　四个空间备选模型之间的选择结果

区域	空间自回归系数		SAC	SEM	SAR	SDM	筛选结果
全国	Spatial rho	Coef.	− 0.6988 ***	—	− 0.0577	0.4225 ***	SAC
		Z	− 7.75	—	0.76	5.68	
		P > ∣z∣	0.000	—	0.45	0.000	
	Spatial lambda	Coef.	0.9211 ***	0.0462	—	—	SDM
		Z	32.40	0.48	—	—	
		P > ∣z∣	0.000	0.629	—	—	
东部	Spatial rho	Coef.	− 0.6245 ***	—	0.0963	0.3960 ***	SAC
		Z	− 5.68	—	0.89	4.28	
		P > ∣z∣	0.000	—	0.371	0.000	
	Spatial lambda	Coef.	0.8379 ***	0.4583 ***	—	—	SDM
		Z	10.17	4.01	—	—	
		P > ∣z∣	0.000	0.000	—	—	
中部	Spatial rho	Coef.	0.1415	—	− 0.2228 *	− 0.0641	SAR
		Z	0.57	—	− 1.70	− 0.46	
		P > ∣z∣	0.570	—	0.088	0.644	
	Spatial lambda	Coef.	− 0.0562	0.1237	—	—	
		Z	− 0.20	0.83	—	—	
		P > ∣z∣	0.842	0.408	—	—	
西部	Spatial rho	Coef.	− 0.1970	—	0.1584	0.2463 *	SEM
		Z	− 0.74	—	1.24	1.88	
		P > ∣z∣	0.461	—	0.215	0.060	

区域	空间自回归系数		SAC	SEM	SAR	SDM	筛选结果
西部	Spatial lambda	Coef.	0.5190 **	0.3629 **	—	—	SDM
		Z	2.37	2.55	—	—	
		P > | z |	0.018	0.011	—	—	

注：*、**、*** 分别表示在10%、5%、1%的水平下显著。

由于中部地区仅有 SAR 模型通过空间滞后系数的显著性检验，故接下来，本书将对全国和东部、西部地区通过比较空间计量模型的结果进行最优筛选，根据比较其空间计量模型回归结果的显著性及组内拟合优度等情况来进行判断与选择。

表5-5中，"Main"表示一般的解释变量，"Wx"表示解释变量空间滞后，"rho"表示被解释变量的空间滞后系数，"lambda"表示误差项的空间滞后系数。从表5-4可以看出，比较全国两个模型，SAC 和 SDM 模型的空间滞后系数分别在 1% 和 5% 的显著性水平下强烈拒绝了原假设，证明了其空间滞后效应的存在。而从拟合优度（R^2）来看，SAC 与 SDM 模型分别为 0.1797 与 0.4679，说明用 SDM 解释的可信度更高。比较东部两个模型，SAC 和 SDM 模型的空间滞后系数分别在 1% 的显著性水平下强烈拒绝了原假设，证明了其空间滞后效应的存在。而从拟合优度（R^2）来看，SAC 与 SDM 模型分别为 0.7121 与 0.8220，说明用 SDM 解释的可信度更高。比较西部地区两个模型，SEM 和 SDM 模型的空间滞后系数分别在 5% 和 10% 的显著性水平下强烈拒绝了原假设，证明了被解释变量空间滞后效应的存在。而从拟合优度（R^2）来看 SEM 与 SDM 分别为 0.2261 与 0.3477，说明用 SDM 模型解释的可信度更高。综上所述，全国、东部与西部地区最终均选择 SDM 模型对基本公共服务区域差距的影响进行空

间效应影响回归。

表 5 - 5　全国与东部、西部地区的空间模型最优比较结果

区域	变量		SAC			SDM		
			Coef.	Z	P > | z |	Coef.	Z	P > | z |
全国	Main	$\ln Fiscal\_D$	− 0.05607	− 1.09	0.276	− 0.15825 ***	− 3.11	0.002
		$\ln FE\_Per$	0.005331	0.77	0.442	0.018873 ***	2.8	0.005
		$\ln Trans\_p$	0.004104 *	1.95	0.052	0.006751 ***	2.8	0.005
		$\ln F\_SY$	− 7.60E − 05	− 0.05	0.961	0.000838	0.46	0.643
		$\ln GDP\_Per$	0.004903 *	1.79	0.073	0.005836 *	1.83	0.067
		$\ln Ur\_R$	0.033826 ***	6.91	0.000	0.043126 ***	7.73	0.000
		$\ln Ur\_D$	0.003408 ***	5.45	0.000	0.003427 ***	3.81	0.000
	W_X	$\ln Fiscal\_D$	—	—	—	0.236581 ***	3.77	0.000
		$\ln FE\_Per$	—	—	—	− 0.0247 ***	− 3.18	0.001
		$\ln Trans\_p$	—	—	—	0.001426	0.32	0.746
		$\ln F\_SY$	—	—	—	0.003494	1.34	0.181
		$\ln GDP\_Per$	—	—	—	− 0.01343 ***	− 2.71	0.007
		$\ln Ur\_R$	—	—	—	− 0.01602	− 1.31	0.19
		$\ln Ur\_D$	—	—	—	− 0.00634 ***	− 3.14	0.002
	rho		− 0.69879 ***	− 7.75	0.000	0.422474 ***	5.68	0.000
	lambda		0.921135 ***	32.4	0.000	—	—	—
	R^2		0.1797			0.4679		
东部	Main	$\ln Fiscal\_D$	0.057297 **	2.23	0.026	− 0.04327	− 1.2	0.231
		$\ln FE\_Per$	− 0.00841 **	− 2.45	0.014	0.005712	1.3	0.194
		$\ln Trans\_p$	0.003942 ***	3.52	0.000	0.005339 ***	4.84	0.000
		$\ln F\_SY$	0.001281	1.18	0.239	0.001735	1.32	0.188
		$\ln GDP\_Per$	− 0.00271 *	− 1.89	0.059	− 0.00403 **	− 2.19	0.028
		$\ln Ur\_R$	0.012847 ***	5.26	0.000	0.017899 ***	5.97	0.000
		$\ln Ur\_D$	6.72E − 05	0.09	0.925	0.001608 *	1.55	0.10

续表

区域	变量		SAC			SDM		
			Coef.	Z	P>|z|	Coef.	Z	P>|z|
东部	W_X	$\ln Fiscal\_D$	—	—	—	0.111487 ***	3.1	0.002
		$\ln FE\_Per$	—	—	—	− 0.00696	− 1.56	0.119
		$\ln Trans\_p$	—	—	—	− 0.00172	− 1.01	0.314
		$\ln F\_SY$	—	—	—	0.002785	1.58	0.114
		$\ln GDP\_Per$	—	—	—	4.19E − 06	0	0.999
		$\ln Ur\_R$	—	—	—	− 0.02785 ***	− 4.12	0.000
		$\ln Ur\_D$	—	—	—	− 0.00276 *	− 1.64	0.10
	rho		− 0.62452 ***	− 5.68	0.000	0.396021 ***	4.28	0.000
	lambda		0.837901	10.17	0.000	—	—	—
	R^2		0.7121			0.8220		

区域	变量		SEM			SDM		
			Coef.	Z	P>|z|	Coef.	Z	P>|z|
西部	Main	$\ln Fiscal\_D$	0.146926 **	2.28	0.023	− 0.41059 ***	− 2.72	0.006
		$\ln FE\_Per$	− 0.02546 ***	− 2.71	0.007	0.031285 ***	1.81	0.07
		$\ln Trans\_p$	0.013002	1.41	0.16	0.027105 ***	2.77	0.006
		$\ln F\_SY$	0.001232	0.36	0.718	0.002065	0.6	0.551
		$\ln GDP\_Per$	− 0.00136	− 0.19	0.849	0.00525	0.83	0.405
		$\ln Ur\_R$	0.07578 ***	4.22	0.000	0.047029 **	2.43	0.015
		$\ln Ur\_D$	0.005015 ***	3.6	0.000	0.003096 **	2.05	0.041
	W_X	$\ln Fiscal\_D$	—	—	—	0.717274 ***	3.58	0.000
		$\ln FE\_Per$	—	—	—	− 0.02716	− 1.13	0.259
		$\ln Trans\_p$	—	—	—	− 0.02637	− 1.22	0.223
		$\ln F\_SY$	—	—	—	− 0.00072	− 0.13	0.896
		$\ln GDP\_Per$	—	—	—	− 0.03732 ***	− 3.21	0.001
		$\ln Ur\_R$	—	—	—	0.041791	1.02	0.307
		$\ln Ur\_D$	—	—	—	− 0.00136	− 0.44	0.661
	rho		—	—	—	0.2463 *	1.88	0.060
	lambda		0.3629 **	2.55	0.011	—	—	—
	R^2		0.2261			0.3477		

注：*、**、*** 分别表示在 10%、5%、1% 的水平下显著。

5.1.4 实证结果分析

5.1.4.1 全国回归结果分析

基于一般解释变量分析。从表 5-6 实证结果可知，财政分权支出度（$\ln Fiscal\_D$）对缩小全国基本公共服务区域差距效应显著为负，表明财政分权支出度对我国各个区域的基本公共服务均等化水平的提高产生的效应为 -0.15825。财政分权支出度越大，表明地方政府的财政权力越强，当地方政府在事权分配机制影响下对基本公共服务的供给进行配置时，拥有高度的财权分权优势的地方政府，会更加有利于该地区的基本公共服务的供给，财政实力强的发达地区与财权弱的欠发达地区在基本公共服务供给上的差距会被逐渐拉大。因此，财政分权支出度越大，全国区域间基本公共服务供给的非均等性就越大，越不利于缩小我国基本公共服务差距目标的实现。人均财政支出（$\ln FE\_Per$）与基本公共服务区域差距指数（$PSDI\_R$）存在正相关关系，相关系数为 0.018873，表明地方政府的财政支出越强，各地区对基本公共服务供给的资金就越充裕，越能提升各地区基本公共服务均等化水平，即全国基本公共服务区域差距也越低。人均中央净补助（$\ln Trans\_p$）与基本公共服务区域差距指数存在正相关关系，相关系数为 0.006751，且在 1% 的置信水平下显著，表明中央财政对地方政府的净转移支付对该区域的一般公共服务和基本公共服务都能具有良好的"粘蝇纸效应"，能提高地方政府财政投入的积极性，促使地方政府增加对本地区基本公共服务的投入，且能有效缩小地区间财力差距，起到解决地方政府财务困境的作用，有助于降低基本公共服务差距程度。财政自给率（$\ln F\_SY$）与基本公共服务区域差距指数也存在正相关关系，但不显著，相关系数为 0.000838，表明该地区财政自给率的提高对缩小基本公共服务区域差距的影响很低。这一结论与 Oates（1985）、刘德吉等（2010）等国内外学者认为财政自给率具有显著的正向影响稍有出入。经济发展水平（lnGDP_Per）与基本公共服务区域差距指数在 10% 的置信水平下存在正相关关系，相关系数为 0.005836；城镇化率（lnUr_R）与人口密度（lnUr_D）与基本公共服务区域差距指数在 1% 的置信水平下存在正相关关系，相关系数分别为 0.043126、0.003427。这表明从经济发展水平、社会环境、人口规模三个维度均验证了其对缩小基本公共服务供给区域差距的边际贡献效应水平。地方经济发展水平的提高，城镇化水平的提升以及地区人口聚集性的不断增强，对缩小基本公共服务区域差距均具有显著的积极效应。这一结论与米格和贝朗格（Migue J L and G Belanger，1974）、王春枝和吴新娣（2010）、葛塔姆等（U G Gerdtham et al.，1992）、安塞尔莫·施特尔塞拉等（Anselmo Stelzera et al.，2016）、巴尼·科恩（Barney Cohen，2006）以及李斌、金秋宇和卢娟（2018）等国内外学者的观点一致。

表 5-6　　2011~2018 年基本公共服务区域差距的财政效应空间回归结果

解释变量		被解释变量：PSDI_R			
		全国（FE）SDM	东部（2）SDM	中部（3）SAR	西部（4）SDM
Main	lnFiscal_D	-0.15825***（-3.11）	-0.04327（-1.2）	-0.18061**（-2.12）	-0.41059***（-2.72）
	lnFE_Per	0.018873***（2.8）	0.005712（1.3）	0.025365*（1.73）	0.031285***（1.81）

解释变量		被解释变量：PSDI_R			
		全国（FE）SDM	东部（2）SDM	中部（3）SAR	西部（4）SDM
Main	ln*Trans_p*	0.006751 ***	0.005339 ***	0.000079	0.027105 ***
		(2.8)	(4.84)	(0.02)	(2.77)
	ln*F_SY*	0.000838	0.001735	-0.00239	0.002065
		(0.46)	(1.32)	(-1.14)	(0.6)
	ln*GDP_Per*	0.005836 *	-0.00403 **	0.009134 ***	0.00525
		(1.83)	(-2.19)	(3.09)	(0.83)
	ln*Ur_R*	0.043126 ***	0.017899 ***	0.003852	0.047029 **
		(7.73)	(5.97)	(0.82)	(2.43)
	ln*Ur_D*	0.003427 ***	0.001608 *	-0.00065	0.003096 **
		(3.81)	(1.55)	(-0.79)	(2.05)
Wx	ln*Fiscal_D*	0.236581 ***	0.111487 ***	—	0.717274 ***
		(3.77)	(3.1)		(3.58)
	ln*FE_Per*	-0.0247 ***	-0.00696	—	-0.02716
		(-3.18)	(-1.56)		(-1.13)
	ln*Trans_p*	0.001426	-0.00172	—	-0.02637
		(0.32)	(-1.01)		(-1.22)
	ln*F_SY*	0.003494	0.002785	—	-0.00072
		(1.34)	(1.58)		(-0.13)
	ln*GDP_Per*	-0.01343 ***	4.19E-06	—	-0.03732 ***
		(-2.71)	(0)		(-3.21)
	ln*Ur_R*	-0.01602	-0.02785 ***	—	0.041791
		(-1.31)	(-4.12)		(1.02)
	ln*Ur_D*	-0.00634 ***	-0.00276 *	—	-0.00136
		(-3.14)	(-1.64)		(-0.44)
Spatial	rho	0.422474 ***	0.396021 ***	-0.22275 *	0.2463 *
		(5.68)	(4.28)	(-1.7)	(1.88)
	R^2	0.4679	0.8220	0.2643	0.6094

注：*、**、*** 分别表示在 10%、5%、1% 的水平下显著。

基于解释变量的空间滞后分析。财政分权支出度变量的空间滞后系数为 0.236581，且在 1% 的置信水平下显著，表明邻近地区的财政分权力越高，就越会刺激本辖区基本公共服务均等化水平的提升，降低本辖区基本公共服务供给的差距。邻近地区财权的扩大，会促使邻近地区将集中的财力投入到 GDP 中，从而降低邻近地区对基本公共服务供给的投入，区域之间的财政竞争可能会降低本省对基本公共服务供给差距的程度。人均财政支出变量的空间滞后系数为 -0.0247，且在 1% 的置信水平下显著，说明邻近地区的人均财政支出越高，就越会导致本辖区基本公共服务均等化水平下降，加大本辖区基本公共服务供给的差距。邻近省份人均财政支出相对水平越高，邻近地方政府致力于经济发展的投资意愿和能力也就越强，区域间的竞争影响会增加对本省经济资源、公共服务资源的争夺，从而导致本省基本公共服务供给均等化水平降低。经济发展水平与人口密度变量的空间滞后系数分别为 -0.01343、-0.00634，且均在 1% 的置信水平下显著，说明邻近地区经济发展水平越高、人口规模越大，就越会导致本辖区的基本公共服务差距提高。这可能与区域间的 GDP 竞争和积聚效应有关，邻近地区致力于发展经济且不断吸引人才聚集，在各区域间的经济与人才竞争可能会对本辖区经济资源与人才资源带来挤出效应，从而造成本辖区地方政府财力受约束，基本公共服务供给投入力度降低，不利于本辖区基本公共服务区域差距的缩小。而人均中央净补助、财政自给率和城镇化率变量的空间滞后系数都不显著，说明邻近地区的人均中央净补助、财政自给率和城镇化率的变化对本辖区的基本公共服务供给的影响较小。

基于被解释变量的空间滞后分析。2011 ~ 2018 年我国基本公

共服务区域差距指数受多个影响因素的综合作用，被解释变量
PSDI_R 指数的空间滞后系数为 0.422474，且在 1% 的置信水平下
显著，说明我国基本公共服务区域差距水平存在一定的空间相
关性。

5.1.4.2　东部、中部、西部地区回归结果分析

为了更好地考察地方政府基本公共服务区域差距的影响因素，
本书进一步将样本划分为东部、中部和西部。

基于一般解释变量分析，东部、中部、西部地区的回归结果
基本与全国的回归结果一致。财政分权支出度对缩小我国东部、
中部、西部地区基本公共服务区域差距效应均为负值，且中部和
西部地区中该变量均在 1% 的置信水平下显著。结果说明，东部地
区财政分权对缩小基本公共服务区域差距的消极影响程度最小，
比中部地区的系数值低 0.13734，同时比西部地区的系数值低
0.36732。表明在中国分权制度的影响下，中部、西部地区政府试
图加快推进本地区经济增长而挤占了对基本公共服务供给的财政
投入，导致中部、西部地区的基本公共服务供给差距远远高于东
部地区。人均财政支出对缩小我国东部、中部、西部地区基本公
共服务区域差距效应均为正值，且中部和西部地区中该变量均在
1% 的置信水平下显著。结果说明，东部地区人均财政支出对缩小
基本公共服务区域差距的正向效应贡献最低，中部、西部地区增
加对财政支出的投入，能促使中部、西部地区当地政府有充裕的
财政投入到当地的基本公共服务领域，从而提升中部、西部地区
基本公共服务供给水平，降低其差距程度。人均中央净补助对缩
小我国东部、中部、西部地区基本公共服务区域差距效应均为正
值，且东部和西部地区中该变量均在 1% 的置信水平下显著。结果

说明,西部地区中央转移支付对缩小基本公共服务区域差距的积极影响贡献度最大,比东部地区效应高 0.021766,同时比中部地区效应高 0.027026。表明在欠发达地区,中央对地方的补助对当地政府增加基本公共服务投入的作用很大。经济发展水平对缩小东部基本公共服务区域差距效应为负值,对缩小中部、西部地区基本公共服务区域差距效应为正值,且东部和中部地区中该变量分别在 5% 和 1% 的置信水平下显著。说明发达地区热衷于经济竞争、政治晋升,其地方政府偏好于投资见效快、回报周期短的经济建设或者服务于经济的生产型基本公共服务的投入,导致对服务于居民福利的基本公共服务投入被挤占,从而不利于该地区基本公共服务供给水平的提升。相反,中部、西部地区在经济、人才禀赋上较为薄弱,促进当地经济水平的发展,使当地政府拥有更充沛的财力一方面用于吸引人才和投资,另一方面用于投入到基本公共服务领域中,有助于增强当地基本公共服务供给能力。城镇化率对缩小我国东部、中部、西部地区基本公共服务区域差距效应均为正值,且东部和西部地区的该变量均在 1% 的置信水平下显著。结果说明,西部地区城镇化发展对缩小其基本公共服务差距的积极影响的边际贡献度最大,比东部地区效应高 0.02913,同时比中部地区效应高 0.043177。人口密度对缩小我国东部、西部地区基本公共服务区域差距效应均为正值,且东部和西部地区的该变量均在 1% 的置信水平下显著。结果说明,西部地区人口规模扩大对缩小其基本公共服务区域差距影响要高于东部地区。而中部地区中,该变量为负值但不显著,说明中部地区该变量对基本公共服务均等化效应无影响。从经济、城镇化和人口聚集因素来看,欠发达地区(中部、西部)在投入这些因素后对缩小基本公共服务区域差距效应的反应程度要高于发达地区（东部）。

基于解释变量的空间滞后分析，东部与西部财政分权支出度变量的空间滞后系数分别为 0.111487、0.717274，且在 1% 的置信水平下显著，结果显示西部地区财政分权对缩小基本公共服务区域差距的空间溢出影响大大超过东部地区，表明东部、西部邻近地区的财政分权力度越高，就越会有效降低本辖区基本公共服务区域的差距，而西部邻近地区增强财政力度对缩小本辖区基本公共服务区域差距的反应程度更加明显。东部、西部地区的经济发展水平、城镇化率和人口密度因素对缩小基本公共服务区域差距的空间溢出影响与全国总体保持一致。

基于被解释变量的空间滞后分析，2011～2018 年我国东部、中部、西部地区基本公共服务差距指数受多个影响因素的综合作用，被解释变量 PS_DI 指数的空间滞后系数分别为 0.396021、-0.22275 和 0.2463，且分别在 1%、10%、10% 的置信水平下显著，说明我国东部、中部、西部地区基本公共服务差距水平存在一定的空间相关性。

5.2 拓展分析：基于地方财政支出偏好的实证分析

从上节的基本公共服务区域差距影响因素分析的实证结果可知，对基本公共服务区域差距影响的主要变量包括财政支出分权度、人均财政支出、人均中央净补助以及财政自给率，而地方政府对各地区的人均财政支出，对缩小我国基本公共服务区域差距影响的边际贡献度最大，影响系数达 0.018873，并且对我国中部、西部地区基本公共服务区域差距效应均呈显著的正向影响。通过空间效用分析发现，人均财政支出对缩小我国基本公共服务区域差距影响具有显著的负向溢出效应。这都表明，在剖析缩小基本公共服务区域差距问题上，应深入探究我国不同区域间地方政府异质性财政支出行为的特点，这样才能同时考虑到财政机制与地方政府行为因素对我国的基本公共服务区域差距的作用效果，实现有效缩小基本公共服务区域差距的目标。因此，下文将进一步对基本公共服务领域中的四类政府支出行为进行实证分析。

5.2.1 地方财政支出的空间自相关分析

从表 5 - 7 的全局 Moran's I 和 Geary's C 指数均可以看出，核心指标人均教育支出、人均社保与就业支出、人均医疗卫生支出与人均交通运输支出在 2011 ~ 2018 年均呈现显著的正向空间自相关。因此，可以利用空间计量模型对 31 个省份存在的空间溢出进行进一步实证分析。

5.2.2 变量选择与描述性统计

5.2.2.1 变量的选取

被解释变量。本书对地方政府财政支出偏好进行分析，基于财政支出的不同性质考察四类支出，即教育支出、社保支出、医疗卫生支出与人均交通运输支出。根据现有研究成果和经验总结，基础教育、公共医疗卫生、社会保障、就业与各地区居民的福利密切相关，将其作为社会型公共服务支出；交通运输短期内具有刺激地方经济发展的优势，将其作为生产型公共服务支出。为研

表 5 - 7　　四类政府支出的全局空间自相关结果

年份	人均教育支出		人均社保与就业支出		人均医疗卫生支出		人均交通运输支出	
	Moran's I	Geary's C	Moran's I	Geary's C	Moran's I	Geary's C	Moran's I	Geary's C
2011	0.271*** (2.59)	0.636*** (-0.75)	0.193** (2.04)	0.758* (-1.63)	0.18** (1.93)	0.733** (-1.80)	0.263*** (2.94)	0.708** (-1.74)
2012	0.262*** (2.53)	0.654*** (-2.58)	0.182** (1.92)	0.78* (-1.51)	0.181** (1.91)	0.727** (-1.88)	0.265*** (2.99)	0.705** (-1.74)
2013	0.246*** (2.43)	0.652*** (-2.51)	0.234** (2.28)	0.744** (-1.92)	0.186** (1.94)	0.724** (-1.92)	0.358*** (3.96)	0.601*** (-2.33)
2014	0.242*** (2.47)	0.674** (-2.22)	0.241** (2.31)	0.745** (-1.99)	0.179** (1.86)	0.73** (-1.91)	0.243*** (3.18)	0.717* (-1.50)
2015	0.214** (2.28)	0.707** (-1.91)	0.242*** (2.34)	0.719** (-2.14)	0.2** (2.07)	0.718** (-1.95)	0.219*** (2.79)	0.749** (-1.36)
2016	0.206** (2.18)	0.707** (-1.95)	0.138* (1.63)	0.802 (-1.23)	0.145* (1.58)	0.762** (-1.66)	0.179*** (2.75)	0.78 (-1.09)
2017	0.151* (1.90)	0.776* (-1.29)	0.159** (1.66)	0.753* (-1.83)	0.111* (1.35)	0.811 (-1.21)	0.078* (1.48)	0.873 (-0.62)
2018	0.175** (2.06)	0.744* (-1.53)	0.243*** (2.32)	0.666*** (-2.61)	0.107* (1.31)	0.802* (-1.28)	0.076** (1.89)	0.885 (-0.52)

注: *、**、*** 分别表示在10%、5%、1%的水平下显著。

究地方政府对不同属性公共服务支出偏好的差异性,将代表政府支出行为的人均教育支出、人均社保与就业支出、人均医疗卫生支出与人均交通运输支出作为被解释变量。

解释变量。基于对缩小基本公共服务区域的财政政策效应分析在基础与拓展阶段的连续性与耦合性,本节采用的解释变量与控制变量在剔除了人均财政支出这一变量后,所采用的对地方政府支出行为影响的财政、经济、社会因素都与上节基础阶段的实证分析相似。

5.2.2.2 变量的描述性统计

各变量的描述性统计见表 5 - 8。

表 5 - 8 各变量的描述性统计

变量	变量解释	观测值	极小值	极大值	平均值	标准差
EE_Per	人均教育支出	248	0.082	0.675	0.199	0.087
ME_Per	人均卫生医疗支出	248	0.050	0.630	0.158	0.085
SE_Per	人均社保支出	248	0.037	0.311	0.090	0.041
TE_Per	人均交通运输支出	248	0.029	0.972	0.096	0.101
$Fiscal\_D$	财政分权支出度	248	0.787	0.961	0.863	0.041
$Trans\_p$	人均中央净补助	248	0.108	4.954	0.596	0.652
F_SY	财政自给率	248	0.041	0.826	0.346	0.165
GDP_Per	经济增长	248	1.641	14.021	5.213	2.463
Ur_R	城镇化水平	248	0.227	0.896	0.561	0.132
Ur_D	人口密度	248	0.052	0.582	0.281	0.116

5.2.3 空间模型的最优筛选

为了对政府支出偏好因素进行实证分析,本书建立以下空间模型。

$$\left\{ \begin{array}{l} \ln EE\_Per_{it} = \delta W \times \ln EE\_Per_{it} + \beta_1 \ln Fiscal\_D_{it} + \beta_2 \ln Trans_{P_{it}} \\ + \beta_3 \ln F\_SY_{it} + \beta_4 \ln GDP\_Per_{it} + \beta_5 \ln Ur\_R_{it} + \beta_6 \ln Ur\_D_{it} \\ + \theta W \times \ln Fiscal_{dit} + \theta W \times \ln Trans_{P_{it}} + \theta W \times \ln F\_SY_{it} + \\ \theta W \times \ln GDP\_Per_{it} + \theta W \times \ln Ur\_R_{it} + \theta W \times \ln Ur\_D_{it} + \gamma_t + \varepsilon_i + \mu_{it} \\ \qquad\qquad \mu_{it} = \lambda W \mu_t + \tau_{it} \end{array} \right.$$

$$(5.6)$$

$$\left\{ \begin{array}{l} \ln ME\_Per_{it} = \delta W \times \ln ME\_Per_{it} + \beta_1 \ln Fiscal\_D_{it} + \beta_2 \ln Trans_{P_{it}} \\ + \beta_3 \ln F\_SY_{it} + \beta_4 \ln GDP\_Per_{it} + \beta_5 \ln Ur\_R_{it} + \beta_6 \ln Ur\_D_{it} \\ + \theta W \times \ln Fiscal_{dit} + \theta W \times \ln Trans_{P_{it}} + \theta W \times \ln F\_SY_{it} + \\ \theta W \times \ln GDP\_Per_{it} + \theta W \times \ln Ur\_R_{it} + \theta W \times \ln Ur\_D_{it} + \gamma_t + \varepsilon_i + \mu_{it} \\ \qquad\qquad \mu_{it} = \lambda W \mu_t + \tau_{it} \end{array} \right.$$

$$(5.7)$$

$$\left\{ \begin{array}{l} \ln SE\_Per_{it} = \delta W \times \ln SE\_Per_{it} + \beta_1 \ln Fiscal\_D_{it} + \beta_2 \ln Trans_{P_{it}} \\ + \beta_3 \ln F\_SY_{it} + \beta_4 \ln GDP\_Per_{it} + \beta_5 \ln Ur\_R_{it} + \beta_6 \ln Ur\_D_{it} \\ + \theta W \times \ln Fiscal_{dit} + \theta W \times \ln Trans_{P_{it}} + \theta W \times \ln F\_SY_{it} \\ + \theta W \times \ln GDP\_Per_{it} + \theta W \times \ln Ur\_R_{it} + \theta W \times \ln Ur\_D_{it} + \gamma_t + \varepsilon_i + \mu_{it} \\ \qquad\qquad \mu_{it} = \lambda W \mu_t + \tau_{it} \end{array} \right.$$

$$(5.8)$$

$$\left\{ \begin{array}{l} \ln TE\_Per_{it} = \delta W \times \ln TE\_Per_{it} + \beta_1 \ln Fiscal\_D_{it} + \beta_2 \ln Trans_{P_{it}} \\ + \beta_3 \ln F\_SY_{it} + \beta_4 \ln GDP\_Per_{it} + \beta_5 \ln Ur\_R_{it} + \beta_6 \ln Ur\_D_{it} \\ + \theta W \times \ln Fiscal_{dit} + \theta W \times \ln Trans_{P_{it}} + \theta W \times \ln F\_SY_{it} + \theta W \\ \times \ln GDP\_Per_{it} + \theta W \times \ln Ur\_R_{it} + \theta W \times \ln Ur\_D_{it} + \gamma_t + \varepsilon_i + \mu_{it} \\ \qquad\qquad \mu_{it} = \lambda W \mu_t + \tau_{it} \end{array} \right.$$

$$(5.9)$$

其中，EE_Per_{it} 为第 i 个区域第 t 年的人均教育支出指数，ME_Per_{it} 为第 i 个区域第 t 年的人均卫生医疗支出指数，SE_Per_{it} 为第 i 个区域第 t 年的人均社保支出指数，TE_Per_{it} 为第 i 个区域第 t 年的人均交通运输支出指数。

基于上节对空间模型的划分整理，此节通过以下步骤对五类模型进行最优选择。

第一步，在 OLS、SAC、SEM、SAR、SDM 五类模型间的固定效应和随机效应模型进行选择。选择方法为利用初选的 7 个影响因素解释变量，对这五类模型分别进行 Hausman 检验，确定每个模型应选择用固定效应还是随机效应模型进行回归。

表 5－9 中，RE 表示随机效应模型，FE 表示固定效应模型。从 EE_Per 指数来看，OLS、SEM、SAR 和 SDM，Hausman 检验值分别为 16.75、27.08、91.26 和 19.48，其 P 值分别为 0.019、0.005、0.000 和 0.003，因此，拒绝了原假设，建议采用 FE 进行检验。由于 SAC 模型本身不能进行随机效应回归，因此，应采用固定效应模型（陈强，2014）。从 ME_Per 指数来看，对五个模型进行 Hausman 检验，其中 OLS 与 SAR 模型均在 1% 的显著性水平下拒绝了原假设，其检验的 P 值均为 0.000，故选择 FE 检验，而 SEM 和 SDM 模型分别在 0.267 和 0.442 的 P 值下接受了原假设。从 SE_Per 指数分析，其 OLS 与 SAR 模型对应的 Hausman 检验均在 1% 的显著性下拒绝了原假设，因此，均采用 FE 模型回归检验，而 SEM、SDM 的 Hausman 检验的 P 值分别为 0.136 和 0.180，因此，都接受了原假设。从 TE_Per 指数分析，除了 SEM 模型在 0.300 的 P 值下接受了原假设，OLS、SAR、SDM 模型的 Hausman 检验结果均在 1% 的显著性水平下拒绝了原假设，因此，采用 FE

回归检验的结果更为合理。

表 5 – 9　　　　　　五个备选模型固定效应与随机效应的检验结果

变量	检验	OLS	SAC	SEM	SAR	SDM
被解释变量：*EE_Per*	检验结果	FE	FE	FE	FE	FE
	P 值	0.019	—	0.005	0.000	0.003
	Hausman 检验	16.75	—	27.08	91.26	19.48
被解释变量：*ME_Per*	检验结果	FE	FE	RE	FE	RE
	P 值	0.000	—	0.267	0.000	0.442
	Hausman 检验	59.99	—	1.40	49.96	5.84
被解释变量：*SE_Per*	检验结果	FE	FE	RE	FE	RE
	P 值	0.000	—	0.136	0.000	0.180
	Hausman 检验	32.95	—	9.73	70.87	8.88
被解释变量：*TE_Per*	检验结果	FE	FE	RE	FE	FE
	P 值	0.000	—	0.300	0.004	0.000
	Hausman 检验	44.95	—	1.00	26.03	163.61

第二步，确定了五类模型对 FE 和 RE 检验筛选后，再分别对这五类模型进行动态空间回归，根据回归结果对系数 δ、θ、λ 进行显著性检验，检验是否存在被解释变量或误差项的空间滞后效应，即可在备选的五类模型中选择出最优的空间动态模型。

从表 5 – 10 看出，Spatial "rho" 为政府支出偏好指数的空间自回归系数，"lambda" 为随机干扰项的空间自回归系数。从 EE_Per 来看，其 SAC 检验原假设 "rho = 0" 的统计值为 – 1.82，其 P 值为 0.069；检验原假设 "lambda = 0" 的统计值为 5.10，其概率为 0.000，因此，在 1% 显著性水平下强烈拒绝了该原假设，说明存在被解释变量的空间滞后效应与空间误差的滞后效应。其 SEM "lambda = 0" 的统计值为 4.52，且在 1% 的显著水平下存在误差项的空间滞后效应。其 SDM 系数"rho = 0"的统计值为 4.98，其 P 值为 0.000，因此，在 1% 显著水平下拒绝了该原假设，说明其被解释变量均存在空间滞后效应。而 SAR 未通过空间滞后系数的显著性检验，因此，综合四个模型的检验结果和显著性比较，应该优先选择 SEM 与 SDM 模型进行空间效应回归。从 *ME_Per* 来看，其 SEM "lambda = 0"的统计值为 5.87，其 P 值为 0.000，因此，其误差项存在空间滞后效应。其 SAR 与 SDM 模型"rho = 0"的统计值分别为 1.95 和 4.98，其 P 值分别为 0.051 和 0.000，表明在 10% 和 1% 的显著水平下被解释变量均存在空间滞后效应。而 SAC 均未通过空间滞后系数的显著性检验。基于对四个模型的检验结果和显著性的综合比较，应优先选择 SEM 和 SDM 模型。从 *SE_Per* 与 *TE_Per* 来看，均存在 SAC 模型"rho = 0"的统计值分别为 2.55、-5.56，其 P 值分别为 0.011、0.000，其"lambda = 0"的统计值分别为 -1.52、6.63，其 P 值分别为 0.10、0.000，因此，均通过空间滞后性的检验，拒绝了原假设，说明其被解释变量与误差项都存在空间滞后效应。而 SEM、SAR、SDM 模型均未通过空间滞后系数的显著性检验。因此，*SE_Per* 与 *TE_Per* 应选择 SAC 模型进行分析。最后，本书将在 *EE_Per*、*ME_Per* 均通过空间误差检验与空间杜宾检验的模型中进行最优的选择，根据比较模型的空间效应回归结果与组内拟合优度等来判断。

表 5 - 10　　　　　　　　四个备选模型之间的选择结果

变量	系数		SAC	SEM	SAR	SDM	筛选结果
被解释变量：*EE_Per*	Spatial rho	Coef.	-0.1118*	—	0.0187	0.3029***	SEM
		Z	-1.82	—	0.32	4.35	
		P > | z |	0.069	—	0.749	0.000	

变量	系数		SAC	SEM	SAR	SDM	筛选结果
被解释变量： EE_Per	Spatial lambda	Coef.	0.4105 ***	0.3216 ***	—	—	SDM
		Z	5.10	4.52	—	—	
		P > | z |	0.000	0.000	—	—	
被解释变量： ME_Per	Spatial rho	Coef.	−0.0081	—	0.1633 *	0.3608 ***	SEM
		Z	−0.07	—	1.95	4.98	
		P > | z |	0.946	—	0.051	0.000	
	Spatial lambda	Coef.	−0.4496 ***	0.5238 ***	—	—	SDM
		Z	−4.06	5.87	—	—	
		P > | z |	0.000	0.000	—	—	
被解释变量： SE_Per	Spatial rho	Coef.	0.3326 **		0.0307	0.0585	SAC
		Z	2.55	—	0.32	0.61	
		P > | z |	0.011		0.750	0.544	
	Spatial lambda	Coef.	−0.2721 *	0.1074	—	—	SAC
		Z	−1.52	0.99	—	—	
		P > | z |	0.10	0.323	—	—	
被解释变量： TE_Per	Spatial rho	Coef.	−0.7054 ***	—	−0.1308	−0.0130	SAC
		Z	−5.56	—	−1.50	−0.13	
		P > | z |	0.000	—	0.132	0.894	
	Spatial lambda	Coef.	0.6362 ***	−0.0992	—	—	SAC
		Z	6.63	−0.98	—	—	
		P > | z |	0.000	0.326	—	—	

注：*、**、*** 分别表示在 10%、5%、1% 的水平下显著。

表 5 – 11 中，"Main"表示一般的解释变量，"Wx"表示解释变量空间滞后，"rho"表示被解释变量的空间滞后系数，"lambda"表示误差项的空间滞后系数。从表 5 – 10 可以看出，比较 EE_Per，SEM 和 SDM 模型的空间误差项系数和空间滞后系

数均在1%显著性水平下强烈拒绝了原假设，证明了其空间滞后效应的存在。而从拟合优度（R^2）来看，SEM 和 SDM 模型分别为 0.884 与 0.892，说明用 SDM 解释的可信度更高。ME_Per，SAC 和 SDM 的空间误差项和空间滞后系数均在1%的显著性水平下强烈拒绝了原假设，证明了其空间滞后效应的存在。而从拟合优度（R^2）来看，SEM 与 SDM 模型分别为 0.8085 与 0.8508，说明用 SDM 模型解释的可信度更高。综上所述，EE_Per 与 ME_Per 指数最终均选择 SDM 模型对政府支出偏好影响因素进行空间效应回归。

表5－11　人均教育支出与人均卫生支出的空间模型最优比较结果

支出类型	解释变量		SEM			SDM		
			Coef.	Z	P > | z |	Coef.	Z	P > | z |
人均教育支出	Main	$\ln Fiscal\_D$	0.820288	4.08	0.000	0.655031	3.14	0.002
		$\ln Trans\_p$	0.091949	3.79	0.000	0.11528	4.51	0.000
		$\ln F\_SY$	0.014563	0.71	0.479	0.037564	1.79	0.074
		$\ln GDP\_Per$	0.087914	3.58	0.000	0.161906	4.66	0.000
		$\ln Ur\_rate$	0.130174	2.16	0.031	0.095476	1.5	0.135
		$\ln Ur\_d$	0.01725	1.87	0.062	0.024278	2.41	0.016
	W_X	$\ln Fiscal\_D$	—	—	—	－ 0.3591	－ 1.03	0.303
		$\ln Trans\_p$	—	—	—	－ 0.10823	－ 2.6	0.009
		$\ln F\_SY$	—	—	—	－ 0.08003	－ 2.74	0.006
		$\ln GDP\_Per$	—	—	—	－ 0.09487	－ 1.85	0.064
		$\ln Ur\_rate$	—	—	—	0.125371	0.97	0.333
		$\ln Ur\_d$	—	—	—	－ 0.00545	－ 0.25	0.802
	rho		—	—	—	0.279264	3.27	0.001
	lambda		0.256113	2.68	0.007	—	—	—
	R^2		0.884			0.892		

续表

支出类型	解释变量		SEM			SDM		
			Coef.	Z	P > | z |	Coef.	Z	P > | z |
人均卫生支出	Main	$Fiscal\_D$	−0.01959	−0.27	0.784	0.151884 *	1.85	0.064
		$Trans\_p$	0.064466 ***	9.43	0.000	0.050576 ***	6.34	0.000
		F_SY	0.027438 **	2.33	0.02	0.031972 ***	3.23	0.001
		GDP_Per	0.094472 ***	8.68	0.000	0.063147 ***	4.72	0.000
		Ur_rate	−0.06127	−2.42	0.016	−0.07214 ***	−3.21	0.001
		Ur_d	0.010012 **	2.39	0.017	0.005727	1.24	0.214
	W_x	$Fiscal\_D$	—	—	—	−0.22103	−1.59	0.113
		$Trans\_p$	—	—	—	−0.03363 ***	−3.48	0.001
		F_SY	—	—	—	−0.07224 ***	−5.24	0.000
		GDP_Per	—	—	—	0.01351	0.61	0.541
		Ur_rate	—	—	—	0.078769 *	1.82	0.069
		Ur_d	—	—	—	−0.00444	−0.45	0.656
	rho		—	—	—	0.360763 ***	4.98	0.000
	lambda		0.523829 ***	5.87	0.000	—	—	—
	R^2			0.8085			0.8508	

注：*、**、*** 分别表示在10%、5%、1%的水平下显著。

5.2.4 实证结果分析

5.2.4.1 东部、中部、西部地区的交互项

基于全国东部、中部、西部地区的划分，本节采用东部、中部、西部地区的虚拟变量进行不同区域间的实证分析，分别以m1、m2和m3来表示。通过在模型中加入东部、中部与西部地区的虚拟变量与每个解释变量形成交互项作为新的解释变量，可以对地方政府支出行为的影响效应进行区域性分析。$E \times X_{it}$、$M \times X_{it}$、$W \times X_{it}$ 为交互项，其中，东部表示为 E（East），中部表示为 M（Medium)，西部表示为 W（West），X_{it} 为解释变量向量矩阵。

在进行交互项分析前，需要检验所有交互项是否存在交互效应，通过 Wald 统计量检验每个交互项是否联合显著，即检验原假设：两个交互项的系数全为 0。在本书中，通过检验东部地区与每个解释变量的交互项（East × $x_{1,2,\cdots,7}$）、中部地区与每个解释变量的交互项（Medium × $x_{1,2,\cdots,7}$）以及西部地区与每个解释变量的交互项（West × $x_{1,2,\cdots,7}$）是否存在交互效应，从表 4 – 12 的检验结果得出，仅有 East × $Fiscal\_D$、East × $Trans\_p$、East × F_SY、East × GDP_Per 以及 Medium × $Fiscal\_D$ 通过了检验，即存在交互效应，见表 5 – 12。因此，下面主要通过这五个交互项来分析政府支出偏好在不同区域的影响效应。

表 5 – 12　东部、中部、西部地区分别与解释变量的交互显著性检验

交互检验		East_$x_{1,2,\cdots,7}$	Medium_$x_{1,2,\cdots,7}$	West_$x_{1,2,\cdots,7}$
ln$Fiscal\_D$	F	3.65*	3.06*	1.2
	Prob.	0.0576	0.0819	0.2755
ln$Trans\_p$	F	10.83***	0.09	0.07
	Prob.	0.0012	0.7634	0.82
lnF_SY	F	2.7*	0.03	1.71
	Prob.	0.10	0.8567	0.1923
lnGDP_Per	F	9.92***	1.37	0.79
	Prob.	0.0019	0.2431	0.3755
lnUr_rate	F	2.02	0.55	0.26
	Prob.	0.1566	0.459	0.6115
lnUr_d	F	1.16	0.1	0.0001
	Prob.	0.2824	0.7477	0.9802

注：*、**、***分别表示在 10%、5%、1%的水平下显著。

5.2.4.2　政府的支出偏好实证结果

表 5 - 13 中，列出了交互项的空间回归结果。其中，"East ×
Fiscal_D"表示财政分权支出度与东部地区的交互项，"East ×
Trans_p"表示人均中央净补助与东部地区的交互项，"East × F_SY"
表示财政自给率与东部地区和的交互项，"East × GDP_Per"表示
经济增长与东部地区的交互项，"Medium × Fiscal_D"表示财政分
权支出度与中部地区的交互项。

表 5 - 13　2011 ~ 2018 年政府支出偏好空间面板回归结果

SDM	解释变量	被解释变量：人均教育支出		
		Coef.	Z	P > | z |
Main	$\ln Fiscal\_D$	0. 166787 *	2. 37	0. 1
	$\ln Trans\_P$	0. 156368 ***	5. 22	0. 000
	$\ln F\_SY$	0. 073321 ***	3. 48	0. 000
	$\ln GDP\_Per$	0. 060757 *	1. 73	0. 084
	$\ln Ur\_Rate$	0. 369005 ***	5. 09	0. 000
	$\ln Ur\_D$	0. 018976 **	2. 07	0. 038
	$\ln East × Fiscal\_D$	0. 505131	0. 9	0. 368
	$\ln East × Trans\_P$	− 0. 22049 ***	− 3. 23	0. 001
	$\ln East × F\_SY$	− 0. 22858 ***	− 2. 77	0. 006
	$\ln East × GDP\_Per$	0. 023255 ***	5. 5	0. 000
	$\ln Medium × Fiscal\_D$	− 0. 05265	− 0. 08	0. 934
W_X	$\ln Fiscal\_D$	2. 097344 **	2. 47	0. 013
	$\ln Trans\_P$	− 0. 08455	− 1. 6	0. 11
	$\ln F\_SY$	− 0. 1221 ***	− 3. 62	0. 000
	$\ln GDP\_Per$	− 0. 13543 **	− 2. 16	0. 031
	$\ln Ur\_Rate$	0. 081375	0. 52	0. 605
	$\ln Ur\_D$	− 0. 0017	− 0. 09	0. 931
	$\ln East × Fiscal\_D$	− 2. 17406 **	− 2. 1	0. 036

SDM	解释变量	被解释变量：人均教育支出		
		Coef.	Z	P > | z |
W_X	lnEast × Trans_P	− 0. 01934	− 0. 11	0. 909
	lnEast × F_SY	0. 499202 ***	3. 28	0. 001
	lnEast × GDP_Per	− 0. 00678	− 0. 9	0. 369
	lnMedium × Fiscal_D	− 3. 16684 **	− 2. 23	0. 026
Spatial	rho	0. 264149 ***	2. 95	0. 003
	R^2	0. 8137		

SDM	解释变量	被解释变量：人均卫生医疗支出		
		Coef.	Coef.	Coef.
Main	lnFiscal_D	0. 12596 *	2. 81	0. 09
	lnTrans_P	0. 073238 ***	6. 12	0. 000
	lnF_SY	0. 029525 **	2. 54	0. 011
	lnGDP_Per	0. 033677 **	2. 16	0. 031
	lnUr_Rate	− 0. 04705 **	− 2. 07	0. 038
	lnUr_D	0. 003166	0. 69	0. 488
	lnEast × Fiscal_D	0. 407315 *	1. 9	0. 057
	lnEast × Trans_P	− 0. 04438	− 1. 45	0. 147
	lnEast × F_SY	0. 042891	0. 95	0. 342
	lnEast × GDP_Per	0. 004123 **	2. 11	0. 035
	lnMedium × Fiscal_D	0. 215637	1. 04	0. 298
W_X	lnFiscal_D	− 0. 49387 *	− 1. 59	0. 10
	lnTrans_P	− 0. 01658	− 0. 91	0. 361
	lnF_SY	− 0. 05472 ***	− 3. 4	0. 001
	lnGDP_Per	0. 017237	0. 64	0. 523
	lnUr_Rate	0. 045549	0. 94	0. 349
	lnUr_D	− 0. 00323	− 0. 29	0. 769
	lnEast × Fiscal_D	0. 774509 *	1. 94	0. 053

SDM	解释变量	被解释变量：人均卫生医疗支出		
		Coef.	Coef.	Coef.
W_X	$\ln East \times Trans\_P$	−0.02748	−0.45	0.656
	$\ln East \times F\_SY$	−0.00199	−0.03	0.98
	$\ln East \times GDP\_Per$	−0.00097	−0.3	0.764
	$\ln Medium \times Fiscal\_D$	−0.32504	−0.59	0.559
Spatial	rho	0.295121 ***	3.78	0.000
	R^2	0.8569		

SAC	解释变量	被解释变量：人均社保与就业支出		
		Coef.	Z	P > | z |
Main	$\ln Fiscal\_D$	0.05503 *	2.98	0.089
	$\ln Trans\_P$	0.177652 ***	4.73	0.000
	$\ln F\_SY$	−0.0044	−0.2	0.84
	$\ln GDP\_Per$	−0.01554	−0.41	0.678
	$\ln Ur\_Rate$	−0.02663	−0.29	0.769
	$\ln Ur\_D$	0.032157 **	2.56	0.011
	$\ln East \times Fiscal\_D$	−0.01251	−0.02	0.987
	$\ln East \times Trans\_P$	−0.14616 **	−2.02	0.043
	$\ln East \times F\_SY$	−0.05537	−0.59	0.554
	$\ln East \times GDP\_Per$	0.013473 ***	3.36	0.001
	$\ln Medium \times Fiscal\_D$	0.417656	0.49	0.621
Spatial	rho	0.332551 **	2.55	0.011
	lambda	−0.2721 *	−1.52	0.10
	R^2	0.7259		

SAC	解释变量	被解释变量：人均交通运输支出		
		Coef.	Z	P > | z |
Main	$\ln Fiscal\_D$	1.431551 *	1.82	0.068
	$\ln Trans\_P$	0.167944 ***	3.5	0.000

SAC	解释变量	被解释变量：人均交通运输支出		
		Coef.	Z	P > | z |
Main	$\ln F\_SY$	0.104191 ***	2.88	0.004
	$\ln GDP\_Per$	0.02774 *	2.45	0.051
	$\ln Ur\_Rate$	0.208784 *	1.69	0.092
	$\ln Ur\_D$	0.04213 ***	3.04	0.002
	$\ln East \times Fiscal\_D$	− 0.83767	− 0.9	0.368
	$\ln East \times Trans\_P$	− 0.06696	− 0.67	0.506
	$\ln East \times F\_SY$	− 0.21267	− 1.44	0.149
	$\ln East \times GDP\_Per$	0.010768 *	1.67	0.095
	$\ln Medium \times Fiscal\_D$	− 1.96253 *	− 1.7	0.088
Spatial	rho	− 0.7054 ***	− 5.56	0.000
	lambda	0.636223 ***	6.63	0.000
	R^2	0.3287		

注：* 、 ** 、 *** 分别表示在10% 、5% 、1% 的水平下显著。

　　基于一般解释变量分析。从表5-13实证结果可知，财政分权支出度（$\ln Fiscal\_D$）对四类政府公共服务支出变量的效应显著为正，说明财政分权支出度的扩大对地方政府提高公共服务支出水平具有积极影响。比较四类支出的系数值，财政分权支出度对交通运输支出影响超出了教育、卫生医疗和社会保障与就业支出，其四类支出的系数分别为 1.431551、0.166787、0.12596 和0.05503。这一结论与实践经验保持一致，财政分权下的激励机制会刺激地方政府更偏好于能短期促进经济发展的公共服务项目，因此，相较于教育、医疗和社会保障，地方政府对交通运输存在更强的支出偏好。部分学者的研究结果也表明，教育在政府支出决策中优于卫生医疗和社会保障与就业支出，可能是因为从 GDP

发展与人才资源竞争考虑，短期内教育支出的投入回报要高于卫生医疗与社会保障。人均中央净补助（$\ln Trans\_p$）对四类政府公共服务支出变量的效应高度显著为正，说明中央加大净转移支付有利于各地政府积极扩大公共服务支出量。比较四类支出系数值，中央净补助对社保与就业、交通运输支出项目的影响超出了对教育与卫生医疗支出项目的影响，其四类支出系数分别为 0.177652、0.167944、0.156368、0.073238，说明中央对地方政府的净转移支付给地方政府社会保障基金注入了一剂强心针，可以刺激地方政府增加对社会保障与就业的投入。而交通运输支出项目也对中央净转移支付的反映程度很大，说明地方政府在经济发展激烈竞争下更偏好于能短期达到经济利益的公共服务项目。财政自给率（$\ln F\_SY$）对教育、卫生医疗与交通运输支出项目的效应显著为正，说明地方政府自身的财力越大对这三类公共服务支出的积极影响越大。比较其系数，地方政府财力对交通运输支出项目的影响超过对教育与卫生医疗项目的影响，其系数值分别为 0.104191、0.073321、0.029525，说明地方政府对财力掌握权越强，其支出决策越倾向于生产性的公共服务支出，但对教育与卫生医疗的投入也会提高，而财政自给率对提高社会保障与就业支出的效应不显著，说明对其影响较低。经济增长（$\ln GDP\_Per$）对教育、卫生医疗和交通运输支出的效应均显著为正，说明经济发展有利于改善公共支出结构中的生产性公共服务支出和与资源竞争相关的教育、卫生医疗服务型公共支出，而对社会保障支出的影响不显著，说明经济发展的高低对社保支出水平没有产生明显影响。城镇化率（$\ln Ur\_rate$）对教育和交通运输支出变量的影响显著为正，对卫生医疗影响显著为负，对社会保障支出影响不显著，说明随着城镇化的发展地方政府更偏好于利好人才资源竞争的公共教育投入和生产性的交通运输公共服务的投入；而公共医疗卫生和社会保障随着城镇化的发展增加服务支出水平的反映程度比较低，甚至会导致政府对公共医疗卫生支出水平的表现为负。人口密度（$\ln Ur\_d$）对教育、社会保障与交通运输支出的效应均显著为正，且人口密度的增大对交通运输支出的影响超出了对教育与社会保障项目的影响，说明地区人口聚集性越高，地方政府越倾向于生产性公共服务的提供。

基于解释变量的空间滞后分析。由于社会保障与交通运输支出指数的影响未显示解释变量的空间滞后系数，故仅对教育与卫生医疗支出指数的影响进行空间效应分析。结果表明，变量财政分权支出度对教育支出水平的空间效应显著为正，对卫生医疗支出水平的影响显著为负，说明邻近地区增强财政分权支出度对本地政府增强教育支出水平的反映程度很明显，而对本地政府增强公共卫生医疗项目水平的投入的影响表现为下降。变量财政自给率对教育与卫生医疗支出的空间效应显著为负，说明本地政府对公共服务支出水平的增强随着邻近地区增强财政自有权利而下降。变量经济发展对卫生医疗支出的空间效应也显著为负，表明邻近地区经济发展水平的提高不利于本地政府的卫生医疗支出的增加。以上存在显著的空间滞后性的解释变量说明了邻近地区间的经济发展竞争、财权的竞争、人才资源竞争等都可能对本地区的教育和卫生医疗支出水平带来一定的溢出影响。

基于虚拟变量的分析。东部地区与财政分权支出度的交互项（$\ln East \times Fiscal\_D$）对卫生医疗支出的效应显著为正，说明东部地区地方政府扩大财政分权力量对当地的卫生医疗支出水平的提升效应为 0.407315，也意味着同等条件下东部地区增强财政分权支出度比中部、西部地区对卫生医疗支出的提升效果更明显。东部地区与人均中央净补助的交互项（lnEast × $Trans\_p$）对教育与社会保障支出的效应显著为负，说明中央对东部地区净转移支付的增加对当地政府提升教育与社会保障支出水平的效果要小。也意味着同等条件下，相较于东部地区，中部地区与西部地区增加净转移支付对当地提升公共服务支付水平的效果要好。东部地区与财政自给率的交互项（lnEast × F_SY）对教育支出的效应显著为负，说明东部地区财政自给率增加对当地教育支出的拉动作用比中部、西部地区要小，在同等条件下中部、西部地区稳固地方税源、提高财政自给率水平相较于东部地区对教育支出项目的投入效果更加明显。东部地区与经济发展水平的交互项（lnEast × GDP_Per）对四类政府支出项目的影响显著为正，说明东部地区地方政府发展经济对当地教育、卫生医疗、社会保障与交通运输支出水平的提升效果较大，也意味着相较于中部、西部地区，东部地区政府部门把经济发展成果放在公共服务支出的程度更大，效果更明显。中部地区与财政分权支出度的交互项（lnMedium × $Fiscal\_D$）对交通运输支出的效应显著为负，说明中部地区地方政府扩大财政分权支出度对当地的生产性公共服务支出水平的提升效果很小。也意味着同等条件下，东部地区扩大财政分权支出度对交通运输支出的投入效果比中部地区要好。

　　基于虚拟变量的空间滞后性分析。变量东部地区与财政分权支出度的交互项对教育支出水平的空间效应显著为负，对卫生医疗支出水平的空间影响显著为正，说明东部区域内邻近地区增强财政分权支出度对本地政府提升医疗支出水平的反映程度很明显，而对本地政府增强公共教育项目水平的投入的影响表现为下降。也意味着同等条件下，相比东部地区，中部、西部地区内邻近地区扩大财政分权支出度对本地政府教育支出项目表现得更积极，而对医疗卫生支出的偏好相对较低。变量东部地区与财政自给率的交互项对教育支出的空间效应显著为正，说明东部区域内邻近地区政府部门提升自身财政自有度对本辖区加强教育的投入是存在积极影响的。也意味着同等条件下，中部、西部地区内邻近地区增强财政力量对本辖区增加对教育投入的效果要比东部地区低。变量东部地区与经济发展水平的交互项对教育支出的空间效应显著为负，说明东部区域内邻近地区扩大经济发展对本辖区加强教育的投入影响表现为下降。在同等条件下，中部、西部地区内邻近地区加强经济发展对本辖区增强教育支出的效果更好。

基于被解释变量的空间滞后分析。2011～2018年我国教育、卫生医疗、社会保障与交通运输受多个影响因素的综合作用，EE_Per、ME_Per、SE_Per、TE_Per 指数被解释变量的空间滞后系数分别为 0.264149、0.295121、0.332551 和 -0.7054，且分别在 1%、1%、5%、1% 的置信水平下显著，说明我国四类政府支出水平存在一定的空间相关性。

5.3 本章小结

本章两阶段的实证结果为缩小基本公共服务区域差距财政政策效应提供实证检验依据。

基础分析实证结论表明：我国区域间基本公共服务供给水平

存在显著空间自相关，并呈现出显著的空间溢出态势；通过空间面板回归分析，人均财政支出、人均中央净补助、经济增长、城市人口密度以及城镇化率对缩小我国基本公共服务区域差距具有显著的积极影响，而财政分权支出度对其有显著的负向影响；通过空间系数检验，得出人均财政支出占比、经济增长以及城镇化率对缩小我国基本公共服务区域差距水平具有显著的负向空间溢出影响，说明相邻省份的人均地方财政支出水平、经济增长以及城镇化率的提升，有可能不利于本辖区的基本公共服务区域差距的缩小，而财政分权支出度的空间滞后系数显著为正，意味着相邻省份的财政分权支出度的提升，会有利于本辖区的基本公共服务区域差距水平的缩小；通过对我国东部、中部、西部三大地区的实证分析，得出财政支出分权度、人均财政支出、人均中央净补助、城市人口密度以及城镇化率对缩小中部、西部地区基本公共服务区域差距水平的边际贡献显著高于东部地区，说明要有效地从整体上缩小基本公共服务区域差距水平，应注重欠发达地区在本辖区与相邻辖区的共同协调发展，才能大力提升其基本公共服务供给水平，缩小区域间差距。

拓展分析实证结论表明：我国区域间政府支出行为也存在显著的空间自相关；通过空间面板回归分析，财政分权支出度、人均中央净补助、财政自给率、经济增长、城镇化率以及城市人口密度对交通运输类的"生产型"基本公共服务支出的积极影响明显高于教育、卫生医疗以及社会保障类的"社会型"基本公共服务支出，其中，城镇化率对卫生医疗支出影响显著为负，说明城镇化水平提升对地方政府刺激卫生医疗支出的能动效应比较低；通过空间系数检验，财政分权支出度、财政自给率、经济发展水平与政府卫生医疗支出的关系显著为负，说明相邻辖区对财政分权支出度、财政自给率、经济发展水平的提升，有可能影响本辖区地方政府扩大卫生医疗支出的积极性，而财政分权支出度与财政自给率对教育支出的影响完全相反，说明相邻地区地方政府提升财政分权支出权并降低财政自给率，有可能会导致本辖区地方政府增大教育公共服务支出；再加入东部、中部、西部地区的虚拟变量后，分析地方政府支出偏好在不同区域的影响，相较于发达地区，落后地区地方政府支出偏好更加倾向于"生产型"基本公共服务以带动地方经济建设发展，集聚人才与经济资源。

第 6 章　缩小基本公共服务城乡区域差距的财政对策

新常态下我国经济运行总体平稳，完成了"十三五"规划的目标任务，经济结构持续优化，人民生活水平显著提高，教育公平和质量有较大提升，基本医疗保险覆盖超过 13 亿人，基本养老保险覆盖近 10 亿人，公共文化服务水平不断提高，文化事业和文化产业繁荣发展。同时，我国发展不平衡与不充分问题仍然突出，城乡间与区域间在收入分配、基本公共服务供给上的差距较大。根据对我国基本公共服务城乡区域差距格局形成的实证结论的分析，本章基于缩小基本公共服务城乡区域差距的目标与要求，在城乡与区域的视阈下提出缩小我国基本公共服务城乡区域差距的系统性财政对策与建议。

6.1　缩小基本公共服务城乡区域差距财政政策的制度基础

本节通过上文对基本公共服务城乡区域差距的实证结果，分别从城乡与区域供给的公平性与有效性提出了缩小基本公共服务城乡区域差距的基础性制度政策建议，为下节缩小基本公共服务城乡区域差距具体的财政政策的推出奠定了前提基础。

6.1.1 促进城乡均衡发展保障基本公共服务城乡公平性

建立健全城乡要素平等交换、双向流动政策体系，是我国"十四五"时期经济社会发展的主要目标。当前，我国城乡发展与收入分配差距较大，促进城乡的均衡发展应实现居民人均可支配收入的增长，发挥财政转移支付在缩小城乡差距中的关键作用，健全城乡间的教育、卫生健康医疗等方面基本公共服务体系，保障城乡基本公共服务供给的公平性，健全城乡融合发展体系。

6.1.1.1 构建覆盖城乡的基本公共服务体系

保障城乡居民拥有良好的公共教育、卫生保健与医疗等基本公共服务，是促进基本公共服务城乡水平提升和城乡持续性发展的重要基础。伴随着城镇化的发展，新型城镇化建设带动农业产业结构的优化一定程度上缩小了城市与农村之间的收入差距，但是在城乡间各地方政府在基本公共服务的供给水平上仍然存在较大差距，尤其在自然资源、经济资源、人力资源等方面都缺乏优势的偏远农村地区。有些欠发达地区甚至在中小学、卫生医疗乡镇服务站的投入都很少，这也造成了这些地区居民对基本公共服务的需求程度无法与地方政府的供给相匹配。因此，要保障农村地区居民对基本公共服务供给的需求，推动城乡基本公共服务均等化的实现，上级政府应对各地区的县级及以下政府设立基本公共服务供给保障基金，将中央或上级政府对市级以下公共部门专项转移支付资金，与市本级政府用于统筹城市与农村基本公共服务发展的资金，统一纳入基本公共服务城乡保障基金体制中，以保障县级及县级以下地区地方政府在公共项目中的建设。同时，要完善农村地区在基础教育、公共卫生医疗等基本公共服务投入机制的建设。例如，保障基础教育服务机制可加大对农村偏远地区的基础教育设施的投入力度，强化教师下乡队伍的建设。要对农村地区的实际受教育与潜在受教育家庭进行全面的走访与评价，并对实际受教育中存在困难的家庭和对基础教育有很大潜在需求的家庭给予适当的教育津贴和用品资助。保障农村地区公共卫生医疗服务机制可在与新型农村医疗机构合作下建立村卫生室、城乡医疗合作的服务平台等基础设施，同时，还可以通过城市支援农村的方式定时开展农村卫生医疗理论与实践培训来提升农村卫生医疗的专业水平。当然，还可以通过对基本公共服务项目保障基金涵盖的内容、范围、实际利用率等方面进行监督与管制，切实保障基本公共服务投入在城乡间的覆盖率，有效缩小基本公共服务城乡的差距。

6.1.1.2　缩小城乡差距实现财政转移支付的长效动力机制

破除城乡二元结构体制是推进我国社会公平的应有之义与重中之重，而根除城乡二元机制最直接且有效的手段就是缩小城乡经济差距。本书的理论与实证结果说明，城乡经济差距的缩小对基本公共服务城乡差距效应的边际贡献度在所有影响因素中占的比重最大，表明缩小城乡差距是缩小基本公共服务城乡差距的有效手段。随着我国城镇化与工业化发展的快速推进，城乡间经济发展水平、个人可支配收入等差距的扩大也成为我们这个发展中国家面临的一项重大挑战。那么，巩固与拓展脱贫攻坚成果，全面推进乡村振兴战略，既是我国"十四五"时期经济社会发展的主要目标，也是缩小我国城乡经济差距的重要战略手段。近年来，我国各级政府在减贫道路的探索与实践中也不断调整其目标和模式，党的十九届四中全会报告提出，"坚决打赢脱贫攻坚战，建立解决相对贫困的长效机制"，这意味着中国的反贫困战略已经作出重大调整。从绝对贫困到相对贫困衡量标准的变化不难看出，拓展脱贫成果更应从基础教育、健康医疗等方面开展，实现多维脱贫的新目标。本书关于财政转移支付对缩小城乡经济差距效应的实证结果表明，政府的财政转移支付对改善农村家庭的收入、基础教育以及卫生健康医疗的被剥夺情况存在显著的有效性，说明实现缩小城乡经济差距的目标，促使财政转移支付形成继续推进脱贫地区发展的长效动力机制是十分重要的。从以往财政政策的实施效果来看，财政转移支付是见效速度快且效果显著的收入减贫措施，也是满足农村家庭基本公共服务需求的多维减贫手段。提升对贫困地区地方政府的财政转移支付水平不仅能缓解农村家庭长期贫困发生率，而且还能大大地降低农村家庭受教育、健康医疗剥夺的份额。随着我国绝对贫困的消除，农村贫困家庭逐步实现了收入脱贫，但也要注意一些潜在收入贫困家庭或者贫困边缘户会再次返贫。因此，要保持政府财政转移支付总体稳定，继续推进多维脱贫与乡村振兴有效衔接，并定时监督农村家庭对财政转移资金的使用情况，也可以通过对财政转移支付项目的进一步细化，实现从"输血型"的收入减贫向"造血型"的多维减贫转变。同时，政府财政转移支付政策要根据农村家庭对健康、教育的需求程度来设计和实施，形成长效动力机制。实证结果还显示，农村家庭未来对教育和健康医疗，特别是后者的需求支付可能会增加，部分农村脱贫家庭可能会在基本公共服务脆弱性问题上重新返贫。因此，一方面，要适当提升对财政转移支付在基础教育、卫生医疗项目上的倾斜比例，另一方面，要持续对脱贫县、脱贫村、脱贫人口开展精准的监测，将农村人口受基础教育、卫生医疗等公共服务领域的剥削度作为有效监测潜在贫困与再返贫对象的标准，建立可持续的巩固与拓展脱贫监测机制，以实现缩小城乡经济差距的可持续目标，推进城乡间基本公共服务均等化水平的实现。

6.1.2 平衡财政支出行为偏好提升基本公共服务供给区域有效性

推进基本公共服务供给在区域间的有效性，是推进我国基本公共服务均等化发展的重要一环。面对公共需求财政支出压力增大的现实情况，有效调整地方政府的财政支出结构，合理引导政府支出行为向整体基本公共服务投入的转变，能驱使地方政府在有限的财政收入范围内提供高水平的基本公共服务。同时，健全基本公共服务绩效评价体系，有助于规范基本公共服务供给行为，提升供给有效性，缩小区域差距。

6.1.2.1 平衡发展地方政府"生产型"与"社会型"基本公共服务

随着"十三五"规划目标任务胜利完成，我国经济实力、科技实力、综合国力和人民生活水平跃上了新的台阶。当前，面对波谲云诡的世界政治经济形势，我国发展机遇和挑战都有新的变化，但仍处于重要战略机遇期。我国已转向高质量发展阶段，然而，城乡区域发展和收入分配差距较大，基本公共服务供给等民生保障存在短板，这些导致我国发展不平衡不充分的问题仍然突出。"十四五"时期，推进我国基本公共服务均等化发展就要从基本公共服务整体内容出发，改善基本公共服务的供给有效性以减少城乡间与区域间的差距。党的十八届三中全会提到了"建设服务型政府，关键是加快政府职能转变"，服务型政府被认为是地方政府职能的基准定位，其政府职能的地位赋予其明显的"公共"性，公共部门的决策倾向于"社会型"基本公共服务领域，加强服务型政府的建设既可以看成对基本公共服务供给的转型，也能有效阻止政府的缺位管理，更好地平衡基本公共服务多样化领域的需要。具有短期收益效应的"生产型"基本公共服务与短期以服务为主的"社会型"基本公共服务，对实现缩小基本公共服务区域差距目标都有积极影响。然而，各地区的地方政府普遍偏向于发展能刺激当地经济建设的"生产型"基本公共服务。因此，实现区域间对基本公共服务的有效供给，就要平衡发展地方政府"生产型"与"社会型"基本公共服务。当中央政府向地方政府下放一定的财政权责时，对于欠发达地区而言，上级应对该辖区地方政府给予足够的财力权责以增加对当地"生产型"基本公共服务的供给，也可通过中央或上级政府，对当地公共服务领域进行专项转移支付或财政补助，以辅助其地方政府增加对"社会型"基本公共服务的投入。同时，也要对该地方政府在这类公共服务领域建设、运营等过程的支出行为进行严格管理与监督，以提升政府对基本公共服务投入的真实性与有效性。对经济发达地区而言，中央政府应加强对地方政府在基础教育、卫生医疗、养老等方面的"社会型"基本公共服务投入的监督并对项目的履行情况给予评价，同时考虑将衡量社区居民对公共服务的满足度纳入地方政府间的绩效考核评价体系，以激励地方政府为了提升"政治与财政晋升"竞争力而增加"社会型"基本公共服务的建设。对于绩效考核评分高的公共部门给予相应财政和政治激励，当然也应及时对公共服务供给中存在低效或失效行为的公共部门进行问责与惩罚。同时，由于经济效益的"社会型"基本公共服务在短期内无法快速兑现，因此，中央政府作为委托—代理关系的委托方，应加强对地方政府在本地公共部门执行代理职责过程中的法律监管与督促力度，在地方建立专门的监管验收部门对专项转移支付的公共服务项目完成度进行严格核查。这样，能从整体上增进民生福祉，并保障基本公共服务供给均衡发展，缩小基本公共服务供给在区域间的差距。

6.1.2.2 完善区域间基本公共服务绩效评价的建设

在中国发展的长期实践中，中央政府对地方政府的绩效评价与考核指标主要看政府行为是否能刺激经济的增长，忽视了地方政府行为对满足社会多层次发展与提升居民社会福利的重要性。近年来，伴随着经济的快速发展，在解决了温饱问题后，社会公众对自我发展的多样化需求程度不断增强，同时也意味着对政府部门提供的"生产型"和"社会型"基本公共服务的数量与质量的要求也在不断提升。地方政府要解决基本公共服务领域中存在的供不应求现象，需要地方政府意识到自身的政府支出行为在基本公共服务供给平衡中的重要性。同时，中央政府要完善地方政府落实基本公共服务供给的相关法律机制，也要考虑以法律为保障的基本公共服务项目目标，构建实际完成度的细化与量化的政府绩效考核指标。具体来说，把基本公共服务领域中预算项目投入的可行性计划、决算资金投入的报告以及社区居民对基本公共服务建设与运营中的满意度等指标均统一纳入政府公共部门的绩效考核中，并定期对地方政府公共部门的项目进程阶段进行监管与督促。对于发达地区而言，地方政府可以依靠自身财力与下拨的转移支付资金来共同实现地方 GDP 增长和基本公共服务领域投入增强的目标，通过目标完成考核度以提高自身在考核中的财政与政治绩效，但是，也应注意地方政府公共部门在履行其公共服务投入项目中的质量，因此，应制定相应的法律制度来规范与监督该地区地方政府公共部门的公共行为以提升其有效性。对于欠发达地区而言，地方政府的自主财政依存度较大，缺乏对基本公共服务投入的财政动力，因此，中央政府应适当加大对该地区地方政府公共部门支出行为在财政与政治绩效上的考核分值，还可以减少其在基本公共服务领域投入配套资金需求上限的约束条件，并给予相应的财政补助以激发该地政府部门公共支出的积极性。

　　加强与完善基本公共服务绩效考核的法治化，是持续性发展的要求也是必要的手段，拥有健全的绩效考核法律机制对地方政府公共部门在财政权责支配使用上能起到客观的监督效应，从而提升基本公共服务区域的均等性与有效性。在以往的实践中，我国《预算法》中已有若干章节对政府财政支出绩效考评的基本内涵、范围、基本要求进行了简要的陈述，呈现的内容主要是对绩效考核具有指导意义的广义阐述，缺乏对政府财政支出行为过程中具体涉及的绩效工作进行细化与量化，也缺乏对政府公共部门考核评价的专项法律机制与规则来对其行为进行管制。因此，建立一套既能满足地方政府公共部门增加财政与政治绩效竞争力的刺激需求，又能对地方政府支出行为根据实际完成度与社区居民评分进行有效考核的基本公共服务绩效评价体系，在此基础上，通过完善的法律制度、法律目标予以约束，这对提升不同地区基本公共服务供给效率与公平都具有重要意义。当然，也可以在已有的法案基础上对现行公共部门绩效考核评价指标和规范再加以扩展与完善，以健全基本公共服务领域的绩效考核机制，缩小不同地区地方政府对基本公共服务投入的差距。

6.2　缩小基本公共服务城乡区域差距 具体的财政政策

在社会主义市场经济条件下，财税具有调节收入分配、维护社会公正、优化资源配置、促进城乡区域协调发展、增进社会福利等重要作用。本节通过重构财政体制改革和地方税体系两个方面因素，提出缩小基本公共服务城乡区域差距具体的财政对策与建议。

6.2.1　改革财政体制扫清减差效应的机制障碍

按照全面建设社会主义现代化国家的战略安排，展望 2035 年，我国的基本公共服务将实现均等化，城乡区域发展差距也将显著缩小。当前，我国基本公共服务供给水平仍处于需要提升的阶段，发展不平衡不充分问题还很突出。财政体制的有效改革是影响基本公共服务供给水平和缩小基本公共服务城乡区域差距的关键因素。因此，规范事权及支出责任主体，健全转移支付机制，是缩小基本公共服务城乡区域差距、推进基本公共服务均等化的重要举措。

6.2.1.1 规范与细化基本公共服务事权与支出责任的划分

规范事权及细化支出责任的划分能有效督促中央政府与下级政府各司其职。从整体上对城乡间与区域间的基本公共服务通过不同对象与收益范围的匹配程度来明确事权主体与支出责任，有助于提升城乡间与区域间的基本公共服务有效性。通常情况下，中央政府下放给地方政府的财政分权支出权越高，地方政府的自身可支配财力就会越强，对当地基本公共服务供给的财政支出能力也会变强，这有助于当地基本公共服务供给水平的提升。因此，合理规范基本公共服务事权主体以及细化各级政府基本公共服务支出责任，是促进基本公共服务均等化的重要有效手段。

近年来，我国对事权与支出责任划分从内涵、范围、机制等方面在不断改革与实践，并且意识到进一步对基本公共服务整体领域与单一领域内事权与支出责任的细化对缩小我国基本公共服务城乡区域差距目标实现的重要性。按照党的十八届三中全会确定的改革方向，我国已经陆续将义务教育、医疗卫生、基本保障与就业等涉及社会公众的基本生存和发展需要与重点优先发展的八大类18项基本公共服务事项纳入事权和支出责任划分改革范围，初步计划并逐步确定中央与地方政府支出责任的分担比例。同时，按照政府基本公共服务支出的分类，对教育、卫生医疗、交通运输、生态环境等基本公共服务单向领域财政权责的改革方案也已经初步制定。对于发达地区而言，中央政府应加强对地方政府财政权责的管制并将其上升至法律层面，通过法律有效监督地方政府财政权责的履行情况，避免因对事权的盲目支配与支出责任的层层下移而造成各级政府职能的越位与缺位。基于基本公共服务领域的复杂性、共性与个性结合的特点构建一套政府支出责任划分的分类体系。对能满足社区居民民生需求的公共教育、卫生医疗等基本公共服务因不同个体对其的需求偏好不同，中央应对地方政府下放足够的财权，使其可根据不同基本公共服务的供需特点进行有针对性的实施。而对于能满足社区居民共同需要的基本公共服务项目，如公共基础设施建设、生态环境保护等公共事项，可要求地方政府适当上移其财政权责并统一由中央政府来进行配置。对于欠发达地区而言，中央应逐步确定与当地地方政府对财政权责的负担比例，并且通过扩大对当地财政支付规模以减轻地方政府财力透支情况。通过制定法律机制来约束上级地方政府扭曲的且无限制层层下移的支出行为，通过规范各级政府的财权责任，缓解财力薄弱的地区。这样一来，不同地区在经济、文化等差距背景下可以根据自身实际情况合理运用财政权责在基本公共服务领域的投入，并保障城乡间、区域间基本公共服务的供给水平大致均等，达到有效缩减基本公共服务城乡区域差距的目标。

6.2.1.2　完善转移支付均衡机制缩小基本公共服务供给差距

（1）优化配置不同地区间的转移支付资金。中央政府应合理地控制转移支付总规模，自1994年分税制改革以来，中央对地方的转移支付总规模不断扩大，1994～2019年，中央对地方政府转移支付总额增加了125倍，其中，2019年对地方转移支付占中央一般可支配支出的比重高达67.39%。而中央对地方转移支付占了地方政府财政支出的36.5%，这说明地方政府财政支出来源于中央转移支付的规模占比很大，一定程度上增强了地方政府在财政支出行为上对中央转移支付的依存度。因此，中央应合理制定并确定各地区的转移支付分配方案,在确定中央地方转移支付总规模与支出占比情况下,以各地区间的人均 GDP 水平、城镇化发展水平以及人口资源集聚性等客观影响因素,以及各地区居民对地方政府基本公共服务投入积极性的评价与对社会福利实施的满意度等主观影响因素作为评价指标的关键变量,运用主成分分析法测算不同地区最优的财政收入与支出比例,最终估算出不同地区合理的转移支付分配额度。同时,根据地方政府对转移支付分配的实际额度与将其用于当地社区基本公共服务投入的效果程度,定时对转移支付分配测算方法进行动态修正与优化,尤其需要考虑城乡间的城市与农村地区、区域间的发达地区与欠发达地区发展不平衡的客观性,再结合中国特色社会主义市场经济的特点,做到有效缩小我国基本公共服务城乡区域差距。

(2)优化与完善转移支付机制。近年来,我国在不断实践中构建了一套以财政权责划分为依据,以一般性转移支付为主要对象,共同协调与税后返还、专项转移支付的转移支付体系,对稳定中央与地方政府财力具有重要作用。中央要求地方政府的申请专项转移支付项目的资金需与当地拥有的配套资金成正比,而原本对专项转移资金需求很大的欠发达地区由于很难满足配套资金要求,获得的专项转移支付项目低于当地的实际需求,导致城乡间、地区间基本公共服务供给的不均衡加剧。因此,中央政府应实时考虑专项转移支付机制在实践中存在的低效问题,并对其进行完善与优化,通过对地方政府专项转移支付项目的分配与实际下达情况以及对资金使用的公共部门进行及时监管,来提升专项转移支付手段对基本公共服务供给的有效性。

从我国的财政税收占比来看,2019 年我国的税收收入贡献度

最高依然集中在东部地区，东部地区的税收收入占全国总税收的
58.4%。由于税收返还机制与地区的经济发展程度、财力水平等
因素存在一定的相关性，经济发达地区一般而言获得中央的税收
返还基数较大，意味着当城乡间、地区间的税收收入差距越大时，
中央对城乡间、地区间的税收返还基数的差距也越大。因此，中
央政府应重新调整税收返还机制的实施方案，应根据实际情况对
欠发达地区当地政府基本公共服务领域固定分配一些专项转移支
付项目，并且上移对加大地方差距显著的税收返还项目，从整体
上提升城乡间与区域间基本公共服务的供给水平。

6.2.2　整合地方税体系提升基本公共服务均衡供给能力

当前，我国经济已由高速增长阶段转向高质量发展阶段，然
而城乡间、区域间地方政府的财力差距依然悬殊。税收作为重要
的政策工具，要贯彻新发展理念，通过建立健全地方税体系，鼓
励研发和促进创新，并适度下放地方税权，这有助于增强城乡间
与区域间地方政府的财政自给能力，提升基本公共服务供给能力，
缩小基本公共服务在城乡、区域间的差距。

6.2.2.1　完善地方税体系重视数字经济新优势

2018 年以来，我国为了应对国内外经济下行的冲击，刺激经
济的向上发展，提出了以供给侧改革为导向并执行了一系列积极
的财政政策，主要包括减税降费、扩大债务规模等。财政部公布
的 2019 年全国地方财力决策报告显示，地方一般公共预算总收入
为 175440.47 亿元，地方税收收入为 76980.13 亿元，地方税收收
入占地方一般公共预算总收入的 43.9%，说明地方税收收入是地
方财政收入的重要来源，而地方税收的良性循环是保障地方财力

的重要支撑。随着政府推行营改增税制改革后，地方政府财政税收收入占全国财政总收入比重有所下降，地方主体税种与税源的缺失使地方政府财力遭受很大冲击。纵观世界各国税制，有着适度弹性且税源稳定的财产税已成为实行分税制的美国、爱尔兰、英国、澳大利亚等绝大多数国家地方政府财政收入的重要来源，具备较大发展潜力与税负公平特点的个人所得税，也成为一些国家地方财源的主体税种。根据我国现行地方税结构调整与建设的目标来看，可以从以下两个方面来重构地方税体系。第一，我国地方政府占比大的税收来源当前仍以中央与地方的共享税为主，包括企业所得税、增值税和个人所得税等，这意味着地方税制结构仍然对共享税的依存度较高。因此，提高税源积聚性有助于培育地方主体税源与优化税种结构。同时，与地方税收来源相关联的地方税种十分繁杂，造成地方政府分开征税的次数增加，使地方政府税收征管过程变得复杂，地方税收征管成本增加。第二，加强对原有非主体税种的改革与转变，重视与数字化时代接轨的税种改革与创新。消费税作为与地方经济发展产生直接联系的税种，是政府的税源主体，且在征管上比较容易管理与操作。随着数字产业化的大力推进，第三方大数据服务产业的飞速发展，应该对基于消费的地方税种通过不断改革与创新，使其具备转化成为主体税种的潜力，以适应产业数字化的经济环境。因此，中央政府应逐步完善纯地方税体系与税收征管体系的建立与改革，通过对房产税、消费税等税种进行优化税制改革，逐步简化征管体系，以提升地方政府的财政自给能力，增加对地方基本公共服务的供给。

6.2.2.2　适度下放地方税权

基于我国不同地区间的经济禀赋、人才禀赋、环境禀赋等存在较大差距的现实状况，属于纯地方税种的征管机制应该与各地区的发展水平与需求程度相适应。针对纯地方性的税种，如房产税、契税等，中央政府在出台相关基本法的基础上，还应适度对地方政府下放一定的征管权责，包括对地方税种的税率、税目在法律规定的范围内可进行合理的调整，并向全国人大常务委员会与国务院备案。基于税源繁杂且零星的特点，比如房地产涉及的税种包含营业税、城建税、房产税、土地使用税等若干项，征管难度加大，导致各地方政府征收此类税收的成本提升，中央应对地方政府在征管机制的立法、监管等方面赋予更多的权责，增强地方政府征收与管理税收收入的效率，使其财政收入不断增强，提升在城乡间、区域间提供基本公共服务的能力。

6.3　本章小结

本章提出了缩小我国基本公共服务城乡区域差距的系统性财政性对策，即通过科学划分与平衡各级政府支出行为以提升基本公共服务在区域间的供给有效性，增强财政转移支付效应以保障城乡基本公共服务，有效改革财政体制为减差效应扫清障碍，整合地方税体系提升以基本公共服务均衡供给能力，加强各层面财政对策运用过程中理论与实践的相互配合，来缩小我国基本公共服务城乡区域差距。

第7章 结论与展望

7.1 结论

本书通过理论研究和实证研究，得出以下几点结论。

第一，分别构建了城乡区域基本公共服务指标体系。以构建指标体系必须遵循的科学性、有效性、合理性、客观性以及数据可获得性为原则，在《国家基本公共服务体系"十三五"规划》《中华人民共和国国民经济和社会发展第十四个五年规划和2035年远景目标纲要》的指导基础上，设计城乡与区域的基本公共服务水平指标体系，其中，城乡的基本公共服务指标分别涵盖了城市与农村范围内的基本教育服务、公共文化服务、卫生医疗服务、基础设施服务、社会保障与就业服务以及环境保护服务十二大类二级指标和40个具体指标；区域的基本公共服务指标涵盖了基本教育服务、公共文化服务、卫生医疗服务、基础设施服务、社会保障与就业服务以及环境保护服务六大类二级指标和27个具体指标。

第二，我国基本公共服务城乡区域差距均呈现逐年缩小的态势，并具有空间收敛效应。本书通过构建城乡与区域的基本公共服务水平测评体系，分别以 2011～2018 年、2015～2018 年为考察期，采用加权算术平均法分别测算出城乡与区域基本公共服务供给综合水平，基于各项基本公共服务指数计算结果，进一步采用变异系数、信息熵方法分别测算出基本公共服务城乡区域差距指数。通过运用 ArcGIS 10.2 软件从时空的角度分析城乡与区域的基本公共服务供给差距水平变化，得出的结论是，基本公共服务供给水平在城乡区域间的差距符合 σ 收敛规律，并呈现逐年缩小的态势。对基本公共服务城乡与区域供给水平进行 β 收敛性检验时，比较运用普通面板模型与空间面板对模型分别对基本公共服务城乡与区域差距指数进行 β 绝对收敛分析，得出在考察期内，从整体上，基本公共服务城乡区域差距水平的收敛系数均为负值，且统计指标都显著，实证结果说明，我国基本公共服务城乡区域差距存在明显的绝对收敛趋势。在进行俱乐部收敛检验时，把我国区域划分为东部、中部、西部三个地区来分析各区域间的收敛趋势，实证结果说明，三大区域的基本公共服务差距水平均呈现不断缩小的收敛态势，且从三大区域的基本公共服务的收敛速度来看，基本公共服务区域差距水平较高的中部、西部地区要快于差距水平较低的东部地区，并最终趋向于均等的水平。

第三，财政支出分权度、城乡经济差距、人均财政支出、人均中央净补助以及财政自给率都是缩小我国基本公共服务城乡差距的关键因素。我国城乡间基本公共服务供给水平存在显著空间自相关，并呈现出显著的空间溢出态势。首先，通过空间面板回归分析，城乡经济差距、人均中央净补助对缩小我国基本公共服务城乡差距具有显著的积极影响，其中，城乡经济差距在所有影响因素中的边际贡献效应最大，而财政支出分权度、人均财政支出以及财政自给率对其有显著的负向影响，说明缩小城乡经济差距对实现缩小我国基本公共服务城乡差距效应措施是很有必要的，对进一步缩小城乡经济差距研究提供了条件基础。其次，通过空间系数检验，我国基本公共服务城乡差距指数的被解释变量的空间滞后系数显著为负，说明我国基本公共服务城乡差距水平存在一定的空间相关性。

通过研究公共品需求收入弹性与转移支付问题发现，有效缩小城乡经济差距是影响缩小基本公共服务城乡差距目标实现的重要原因。实证分析得出，城乡经济差距对缩小基本公共服务城乡差距的边际贡献最大。因此，本书在缩小基本公共服务城乡差距研究中纳入缩小城乡经济差距模型进行实证分析。首先，实证结果得出，财政转移支付对农村家庭不论处于多维贫困还是收入贫困状态均有显著的减贫效应，对改善长期多维贫困模型的效应较长期收入贫困模型更显著。其次，还测算了三个考察年度农村家庭对教育和健康两类公共品的需求收入弹性，并检验了在家庭对教育和健康需求提升条件下，财政转移支付是否对改善我国家庭长期贫困状态具有加强效应。实证结果表明，每单位家庭获得财政转移支付对改善其长期多维贫困与长期收入贫困的效应是显著的，且要大于未考虑公共品需求收入弹性下的效应。进一步说明，对教育不断增强需求的农村家庭而言，随着教育需求收入弹性的不断增加，财政转移支付收入会有效降低其长期多维贫困和长期收入贫困状态，且对改善长期收入贫困模型的效应较长期多维贫困模型更显著。但是，农村家庭减贫效应对健康医疗需求收入弹性影响较小，甚至存在负效应。最后，围绕实证研究已得结果，以缩小基本公共服务城乡区域差距、实现城乡区域基本公共服务均等化为目标，站位国家、政府层面和个体立场，细化空间单元，提出相应的财政对策。本书认为，通过科学划分与平衡各级政府支出行为以提升基本公共服务在区域间的供给有效性，促进城乡经济均衡发展以保障城乡基本公共服务，有效改革财政体制为减差效应扫清障碍，整合地方税体系提升以基本公共服务均衡供给能力，加强各层面财政对策运用过程中理论与实践的相互配合，有助于缩小我国基本公共服务城乡区域差距。

第四，财政分权支出度、人均财政支出、人均中央净补助、经济增长、城市人口密度以及城镇化率都是缩小我国基本公共服务区域差距的关键因素。我国区域间基本公共服务供给水平存在显著空间自相关，并呈现出显著的空间溢出态势。首先，通过空间面板回归分析，人均财政支出、人均中央净补助、经济增长、城市人口密度以及城镇化率对实现缩小我国基本公共服务区域差距目标具有显著的积极影响，而财政分权支出度对其有显著的负向影响。其次，通过空间系数检验，得出人均财政支出占比、经济增长以及城镇化率对缩小我国基本公共服务区域差距具有显著的负向空间溢出影响，说明相邻省份的人均地方财政支出水平、经济增长以及城镇化率的提升，有可能不利于本辖区的基本公共服务区域差距缩小这一目标的实现；而财政分权支出度的空间滞后的系数显著为正，意味着相邻省份的财政分权支出度的提升，有可能缩小本辖区基本公共服务区域差距。最后，通过对东部、中部、西部不同地区的实证分析，说明财政支出分权度、人均财政支出、人均中央净补助、城市人口密度以及城镇化率对缩小中部、西部地区基本公共服务区域差距的边际贡献要显著高于东部地区，说明实现整体上缩小基本公共服务区域差距，应注重欠发达地区所在的本辖区与相邻辖区间的发展，以大力提升其基本公共服务供给水平，缩小区域间差距。

通过研究地方财政支出偏好问题得出的结论是，地方政府支出行为在不同区域间的偏好差异性是影响基本公共服务区域差距效应的重要原因。通过理论研究发现，地方政府的异质性支出行为对财政体制的政策效果会产生一定的影响，其反映的不同支出行为偏好对地方政府在基本公共服务供给数量与质量上都具有影响，并且不同区域间、城乡间的政府支出偏好与经济水平差距的异质性共同形成了基本公共服务城乡与区域的供给差距。因此，本书在缩小基本公共服务区域差距财政政策效应研究中纳入地方政府行为偏好模型进行实证分析，得出以下结论。首先，四类主要的政府财政支出存在显著空间自相关。通过空间面板回归分析，财政分权支出度、人均中央净补助、财政自给率、经济增长、城镇化率以及城市人口密度对交通运输类的"生产型"基本公共服务支出的积极影响明显高于教育、卫生医疗以及社会保障类的"社会型"基本公共服务支出。其中，城镇化率对卫生医疗支出影响显著为负，说明随着城镇化水平提升，地方政府加强卫生医疗支出的能动效应比较低。其次，通过空间系数检验发现，财政分权支出度、财政自给率、经济发展水平与政府卫生医疗支出的关系显著为负，说明相邻辖区对财政分权支出度、财政自给率、经济发展水平的提升，有可能影响本辖区地方政府扩大卫生医疗支出的积极性；而财政分权支出度与财政自给率对教育支出的效应完全相反，说明相邻地区地方政府提升财政分权支出权同时降低财政自给率，有可能会导致本辖区地方政府增大教育公共服务支出。最后，再加入东部、中部、西部地区的虚拟变量后，分析地方政府支出偏好在不同区域的影响，得出的结论是：相较于发达地区，落后地区地方政府支出偏好更加倾向于"生产型"基本公共服务，以带动地方经济建设发展，吸引更多的高级人才、经济资源。

7.2 展望

缩小基本公共服务差距问题是一个值得深入探讨、研究的，并结合多元化交叉学科的命题，本章注重从城乡与区域两个层次探讨如何实现缩小基本公共服务差距目标，但在研究范围、研究方法、研究层次方面仍存在一定的不足之处，未来仍需对基本公共服务差距问题保持关注并作进一步的深入研究，主要表现为以下几点。

第一，对于城乡与区域间的基本公共服务差距水平指标体系的构建，基于现有数据的可获得性，本书选取的指标体系包括基础教育、公共文化、卫生医疗、社会保障与就业、基础设施以及环境保护六大领域的基本公共服务内容，对城乡与区域的基本公共服务差距水平的测算结果覆盖范围不完全。未来可以尝试结合调研与统计数据等多方渠道，结合学习党的十九大和十九届二中、三中、四中全会以及二十大精神，实时跟踪近期《地方"十四五"基本公共服务均等化规划》的编制原则与方向，设计能聚焦社会大众最关心的基本公共服务问题。

　　第二，对于缩小基本公共服务差距的实证研究，本书强调基本公共服务供给的公平性对缩小差距的影响，未来可以尝试运用公平与效率的双系统方法，实现城乡与区域间的基本公共服务供给均等化水平与提升其供给以财政分权、经济增长、运行政策形成的综合效率，以全域的视角对缩小基本公共服务供给差距问题进行系统性的研究。

　　第三，对于基本公共服务供给差距研究的对象，本书聚焦城乡与区域两大关键领域对基本公共服务供给差距问题进行研究，未来可尝试对基本公共服务供给在其他层次存在的差距问题进行进一步探索与研究。

参考文献

［1］奥斯本，盖布勒．重塑政府——企业精神如何改革公营部门［M］．上海：上海译文出版社，1996.

［2］安体富，任强．公共服务均等化：理论、问题与对策［J］．财贸经济，2007（8）：48－53，129.

［3］安体富，任强．中国省际基本公共服务均等化水平的变化趋势：2000—2010年［J］．财政监督，2012（10）.

［4］鲍曙光，姜永华．我国基本公共服务成本地区差距分析［J］．财政研究，2016（1）：75－82.

［5］蔡立辉．西方国家政府绩效评估的理念及其启示［J］．清华大学学报（哲学社会科学版），2003，18（1）：76－84.

［6］蔡立辉．政府绩效评估的理念与方法分析［J］．中国人民大学学报，2002（5）：93－100.

［7］陈昌盛，蔡跃洲．中国政府公共服务：体制变迁与地区综合评价［M］．北京：中国社会科学出版社，2007.

［8］陈强．高级计量经济学及Stata应用（第二版）［M］．北京：高等教育出版社，2014.

［9］储德银，韩一多，张同斌．财政分权、公共部门效率与

医疗卫生服务供给 [J]. 财经研究, 2015 (5): 28-41.

[10] 陈思霞. 中国基本公共服务均等化评估及优化机制研究: 基于限于数据的实证 [M]. 北京: 经济科学出版社, 2015.

[11] 陈诗一, 张军. 中国地方政府财政支出效率研究: 1978—2005 [J]. 中国社会科学, 2008 (4): 65-78.

[12] 陈颂东. 促进地区基本公共服务均等化的转移支付制度研究 [J]. 地方财政研究, 2011 (7): 41-45.

[13] 陈伟, 白彦. 城乡一体化进程中的政府基本公共服务标准化 [J]. 政治学研究, 2013 (1): 85-93.

[14] 陈秀山. 徐瑛. 中国区域差距影响因素的实证研究 [J]. 中国社会科学, 2004 (5): 117-129.

[15] 陈振明. 从公共行政学、新公共行政学到公共管理学——西方政府管理研究领域的"范式"变化 [J]. 政治学研究, 1999 (1): 82-91.

[16] 陈振明, 李德国. 基本公共服务的均等化与有效供给——基于福建省的思考 [J]. 中国行政管理, 2011 (1): 47-52.

[17] 陈振明. 评西方的"新公共管理"范式 [J]. 中国社会科学, 2000 (6): 73-82.

[18] 陈振明, 薛澜. 中国公共管理理论研究的重点领域和主题 [J]. 中国社会科学, 2007 (3): 140-152.

[19] 程岚, 文雨辰. 不同城镇化视角下基本公共服务均等化的测度和影响因素研究 [J]. 经济与管理评论, 2018, 34 (6): 106-115.

[20] 崔惠玉, 刘国辉. 基本教育公共服务均等化研究 [J]. 财经问题研究, 2010 (5): 81-88.

［21］陈国强，罗楚亮，吴世艳．公共转移支付的减贫效应估计——收入贫困还是多维贫困？［J］．数量经济技术经济研究，2018，35（5）：59－76．

［22］曹爱军．政府转型、公共服务与"民生财政"［J］．财政研究，2015（12）：12－17．

［23］迟福林，方栓喜，匡贤明，等．加快推进基本公共服务均等化（12 条建议）［J］．经济研究参考，2008（3）：19－25．

［24］陈昌盛，蔡跃洲．中国政府公共服务：基本价值取向与综合绩效评估［J］．财政研究，2007（6）：20－24．

［25］蔡昉．城乡收入差距与制度变革的临界点［J］．中国社会科学，2003（5）：21－27．

［26］陈昌盛，蔡跃洲．中国公共服务综合评估报告（摘要）［N］．中国经济时报，2007－01－22．

［27］陈晓凯．我国城镇化中的基本公共服务均等化研究［D］．济南：山东师范大学，2015：37．

［28］蔡伟贤，陈浩禹．代际流动性对社会公平影响的实证研究［J］．统计研究，2015（7）：51－55．

［29］陈晶璞，闫丽莎．基本公共服务财政支出绩效评价体系研究［J］．燕山大学学报（哲学社会科学版），2011（3）：110－112．

［30］陈斐，张延峰．政府间转移支付对中国区域经济增长的影响效应研究［J］．学习与实践，2015（7）：14－23．

［31］陈安平．中国经济增长与收入差距关系的经验研究［J］．经济问题，2010（4）：4－8，54．

［32］丁辉侠．我国地方政府提供公共服务的困境与对策分析［J］．吉首大学学报（社会科学版），2012，33（4）：158－161．

［33］邓可斌，丁菊红．转型中的分权与公共品供给：基于中国经验的实证研究［J］．财经研究，2009，35（3）：80 - 90.

［34］豆建民，刘欣．中国基本公共服务水平的收敛性及其影响因素分析［J］．财经研究，2011，37（10）：37 - 47.

［35］冯兴元．财政联邦制：政府竞争的秩序框架［J］．制度经济学研究，2011（1）：92 - 118.

［36］付文林，沈坤荣．中国公共支出的规模与结构及其增长效应［J］．经济科学，2006（1）：20 - 29.

［37］傅勇，张晏．中国式分权与财政支出结构偏向：为增长而竞争的代价［J］．管理世界，2007（3）：4 - 12.

［38］伏润民，常斌，缪小林．我国地区间公共事业发展成本差距评价研究［J］．经济研究，2010，45（4）：81 - 92.

［39］樊丽明，解垩．公共转移支付减少了贫困脆弱性吗？［J］．经济研究，2014，49（8）：67 - 78.

［40］高鸿业．西方经济学（第三版微观）［M］．北京：中国人民大学出版社，2004.

［41］龚锋，卢洪友．公共支出结构、偏好匹配与财政分权［J］．管理世界，2009（1）：10 - 21.

［42］龚锋，雷欣．中国式财政分权的数量测度［J］．统计研究，2010，27（10）：47 - 55.

［43］郭庆旺，吕冰洋，等．中国分税制问题与改革［M］．北京：中国人民大学出版社，2014.

［44］郭小聪，代凯．国内近五年基本公共服务均等化研究：综述与评估［J］．中国人民大学学报，2013，27（1）：145 - 154.

［45］郭小聪，刘述良．中国基本公共服务均等化：困境与出路

[J]. 中山大学学报（社会科学版），2010，50（5）：150-158.

[46] 国家统计局住户调查办公室. 中国农村贫困监测报告[M]. 北京：中国统计出版社，2019.

[47] 郭熙保. 论土地制度的变革对农业发展的影响[J]. 经济评论，1995（1）：28-30.

[48] 龚锋，卢洪友. 财政分权与地方公共服务配置效率——基于义务教育和医疗卫生服务的实证研究[J]. 经济评论，2013（1）：42-50.

[49] 哈维·罗森. 财政学[M]. 北京：中国财政经济出版社，1992.

[50] 何茜华. 财政分权中的公共服务均等化问题研究[M]. 北京：经济科学出版社，2011.

[51] 韩增林，李彬，张坤领. 中国城乡基本公共服务均等化及其空间格局分析[J]. 地理研究，2015，34（11）：2035-2048.

[52] 胡祖才. 关于促进基本公共服务均等化的若干思考[J]. 宏观经济管理，2010（8）：16-18.

[53] 江明融. 公共服务均等化论[J]. 中南财经政法大学学报，2006（5）：33-35.

[54] 江依妮. 中国式财政分权下的公共服务供给探析[J]. 企业经济，2011（7）：152-154.

[55] 江海燕，周春山，高军波. 西方城市公共服务空间分布的公平性研究进展[J]. 城市规划，2011（7）：72-77.

[56] 贾康. 区分"公平"与"均平"，把握好政府责任与政策理性[J]. 财政研究，2006（12）：6-10.

[57] 金双华. 财政支出与社会公平关系分析[J]. 统计研

究，2006（3）：67 - 70.

［58］金双华．财政收入水平与社会公平关系的实证分析
［J］．经济学动态，2002（4）：25 - 28.

［59］匡小平，肖建华．财政学［M］．北京：北京交通大学
出版社，2008.

［60］匡小平，肖建华．公共服务供给不足的财政体制原因分
析［J］．财政研究，2010（12）：28 - 30.

［61］匡小平，卢小祁．财政分权、地方财政赤字与土地财
政——来自中部欠发达地区 J 省的经验证据［J］．中南财经政法大
学学报，2012（1）：61 - 64.

［62］匡贤明．公共服务促进经济增长的传导机制研究——
基于分工成本的视角［J］．中南财经政法大学学报，2009（3）：
55 - 61.

［63］骆永民．财政分权对地方政府效率影响的空间面板数据
分析［J］．商业经济与管理，2008（10）：75 - 80.

［64］李拓．基本公共服务均等化与区域城乡差距研究［D］.
长沙：湖南大学，2017.

［65］李涛，周业安．中国地方政府间支出竞争研究——基于
中国省级面板数据的经验证据［J］．管理世界，2009（2）：12 - 22.

［66］李祥云，范丽萍．财政分权视角下中国县级义务教育财
政支出不足成因——基于各省县级数据的实证分析［C］．2009 年
中国教育经济学学术年会论文集，2009.

［67］卢洪友，卢盛峰，陈思霞．"中国式财政分权"促进了
基本公共服务发展吗？［J］．财贸研究，2012（6）：1 - 7.

［68］刘宇．我国基本公共服务区域及城乡效率差距研究

［D］. 北京：中国农业大学，2014.

　　［69］李成宇，史桂芬，聂丽. 中国式财政分权与公共教育支出——基于空间面板模型的实证研究［J］. 教育与经济，2014（3）：8-15.

　　［70］李超显. 基于 DEA 模型的我国政府社会管理职能绩效评价研究——以 30 个省（直辖市、自治区）为统计样本的实证分析［J］. 中国行政管理，2012（7）：110-115.

　　［71］李敏纳，覃成林，李润田. 中国社会性公共服务区域差距分析［J］. 经济地理，2009，29（6）：887-893.

　　［72］李敏纳. 中国社会公共服务与经济增长关系的实证检验［J］. 统计与决策，2009（8）：72-74.

　　［73］李洺，孟春，李晓玉. 公共服务均等化中的服务标准：各国理论与实践［J］. 财政研究，2008（10）：79-80.

　　［74］李倩. 服务型政府时代构建政府顾客满意度指数模型可行性研究［J］. 经济与社会发展，2007，5（11）：115-118.

　　［75］刘静，盛明科，陈添源. 基于模糊多属性决策的政府公共服务公众满意度测评研究［J］. 当代经济管理，2008，30（2）：44-48.

　　［76］刘振亚，唐滔，杨武. 省级财政支出效率的 DEA 评价［J］. 经济理论与经济管理，2009（7）：50-56.

　　［77］刘武，杨雪. 论政府公共服务的顾客满意度测量［J］. 东北大学学报（社会科学版），2006，8（2）：129-132.

　　［78］刘武，朱晓楠. 地方政府行政服务大厅顾客满意度指数模型的实证研究［J］. 中国行政管理，2006（12）：32-35.

　　［79］刘细良，刘迪扬. 我国基本公共服务区域均等化实证研

究 [J]. 统计与决策, 2011 (5): 96-98.

[80] 骆永民. 公共物品、分工演进与经济增长 [J]. 财经研究, 2008, 34 (5): 110-122.

[81] 李华. 城乡公共品供给均等化与转移支付制度的完善 [J]. 财政研究, 2005 (11): 40-42.

[82] 李华, 张靖会. 公共产品需求弹性与市场供给的相关分析 [J]. 财政研究, 2008 (10): 36-39.

[83] 刘穷志. 公共支出归宿: 中国政府公共服务落实到贫困人口手中了吗? [J]. 管理世界, 2007 (4): 60-67.

[84] 刘成奎, 任飞容, 王宙翔. 公共产品供给真的能减少中国农村瞬时贫困吗? [J]. 中国人口·资源与环境, 2018, 28 (1): 102-112.

[85] 刘宇, 聂荣. 收入差距、医疗保险与健康贫困的实证研究——基于 CFPS 数据的证据 [J]. 辽宁大学学报 (哲学社会科学版), 2019, 47 (4): 55-63.

[86] 李晓嘉, 蒋承, 胡涟漪. 民生性财政支出对我国家庭多维贫困的影响研究 [J]. 数量经济技术经济研究, 2019, 36 (11): 160-177.

[87] 刘章生, 宋德勇, 弓媛媛. 中国绿色创新能力的时空分异与收敛性研究 [J]. 管理学报, 2017, 14 (10): 1475-1484.

[88] 李文军, 唐兴霖. 地方政府公共服务均等化研究——来自中国省级面板数据的分析 [J]. 中州学刊, 2012 (4): 38-43.

[89] 刘溶沧, 焦国华. 地区间财政能力差距与转移支付制度创新 [J]. 财贸经济, 2002 (6): 5-12.

[90] 林万龙. 中国农村公共产品供给制度变迁研究 [M].

北京：中国财政经济出版社，2003.

[91] 梁永郭，徐雪冰，冯鑫淼. 我国城镇化进程中城乡基本公共服务均等化研究 [J]. 新余学院学报，2016（5）：69－71.

[92] 李清章. 基本公共服务均等化：历史演变与现实借鉴 [J]. 河北学刊，2016（2）：213－216.

[93] 刘成奎，王朝才. 城乡支出结构与社会公平的实证分析 [J]. 财政研究，2008（2）：15－18.

[94] 吕炜，高飞. 城镇化、市民化与城乡收入差距——双重二元结构下市民化措施的比较与选择 [J]. 财贸经济，2013（12）：38－46，93.

[95] 李斌，金秋宇，卢娟. 土地财政、新型城镇化对公共服务的影响 [J]. 首都经济贸易大学学报，2018，20（4）：69－78.

[96] 刘德吉，胡昭明，程璐，等. 基本民生类公共服务省际差距的实证研究——以基础教育、卫生医疗和社会保障为例 [J]. 经济体制改革，2010（2）：35－41.

[97] 孟春，陈昌盛，王婉飞. 在结构性改革中优化公共服务 [J]. 国家行政学院学报，2004（4）：21－25.

[98] 马慧强，韩增林，江海旭. 我国基本公共服务空间差距格局与质量特征分析 [J]. 经济地理，2011，31（2）：212－217.

[99] 毛捷，汪德华，白重恩. 扶贫与地方政府公共支出——基于"八七扶贫攻坚计划"的经验研究 [J]. 经济学（季刊），2012，11（4）：1365－1388.

[100] 马克思，恩格斯.《马克思恩格斯全集》（第1卷）[M]. 北京：人民出版社，1995：443－444.

[101] 马光荣，郭庆旺，刘畅. 财政转移支付结构与地区经

济增长〔J〕. 中国社会科学, 2016 (9): 105 – 125, 207 – 208.

〔102〕穆怀中, 吴鹏. 城镇化、产业结构优化与城乡收入差距〔J〕. 经济学家, 2016 (5): 37 – 42.

〔103〕米增渝, 刘霞辉, 刘穷志. 经济增长与收入不平等: 财政均衡激励政策研究〔J〕. 经济研究, 2012 (12): 43 – 54, 151.

〔104〕倪红日, 张亮. 基本公共服务均等化与财政管理体制改革研究〔J〕. 管理世界, 2012 (9): 7 – 18.

〔105〕彭国甫. 基于 DEA 模型的地方政府公共事业管理有效性评价——对湖南省 11 个地级州市政府的实证分析〔J〕. 中国软科学, 2005 (8): 128 – 133.

〔106〕彭国甫. 价值取向是地方政府绩效评估的深层结构〔J〕. 中国行政管理, 2004 (7): 75 – 78.

〔107〕彭健. 基本公共服务均等化视角下的财政体制优化〔J〕. 财经问题研究, 2010 (2): 80 – 84.

〔108〕平新乔, 白洁. 中国财政分权与地方公共品的供给〔J〕. 财贸经济, 2006 (2): 49 – 55.

〔109〕彭健. 促进城乡基本公共服务均等化的财政对策〔J〕. 财政研究, 2009 (3).

〔110〕乔宝云, 范剑勇, 冯兴元. 中国的财政分权与小学义务教育〔J〕. 中国社会科学, 2005 (6): 37 – 46, 206.

〔111〕秦川, 谭鹏. 地方政府效率实证分析: 基于财政分权视角〔J〕. 会计之友, 2010 (5A): 82 – 83.

〔112〕隋心. 发达国家基本公共服务均等化路径探究〔J〕. 宏观经济管理, 2015 (6): 89 – 92.

〔113〕沈坤荣, 付文林. 中国的财政分权制度与地区经济增

长 [J]. 管理世界, 2005 (1): 31 - 39.

[114] 孙德超. 公共服务均等化的经济思想变迁与反思 [J]. 社会科学, 2015 (6): 53 - 63.

[115] 孙璐, 吴瑞明, 李韵. 公共服务绩效评价 [J]. 统计与决策, 2007 (24): 65 - 67.

[116] 孙久文. 走向 2020 年的我国城乡协调发展战略 [M]. 北京: 中国人民大学出版社, 2010.

[117] 萨缪尔森, 诺德豪斯著, 萧琛主译, 经济学 [M]. 北京: 商务印书馆, 2013.

[118] 宋迎法. 论构建全民均等享有的基本公共服务体系 [J]. 中共南京市委党校南京市行政学院学报, 2007 (2): 57 - 61.

[119] 申曙光, 孙健, 刘巧, 等. 新型农村合作医疗制度公平性研究——以广东省为例 [J]. 人口与经济, 2009 (6): 84 - 89.

[120] 孙祁祥, 锁凌燕, 郑伟. 城镇化背景下社会公平保障体系建设的国际经验及其启示 [J]. 中共中央党校学报, 2014 (2): 46 - 52.

[121] 田发, 周琛影. 基本公共服务区域均等化与财政体制测度: 一个分析框架 [J]. 改革, 2013 (1): 50 - 57.

[122] 唐天伟, 孙丽华, 张剑娜. 我国省级政府基本公共服务均等化测度分析: 2003—2012 [J]. 经济管理, 2013, 35 (11): 170 - 177.

[123] 滕堂伟, 林利剑. 基本公共服务水平与区域经济发展水平的相关性分析——基于江苏省 13 个市的实证研究 [J]. 当代经济管理, 2012, 34 (3): 61 - 66.

[124] 陶然, 刘明兴. 中国城乡收入差距、地方政府开支及

财政自主［J］. 世界经济文汇，2007（2）：1-21.

［125］田发. 财政转移支付的横向财力均等化效应［J］. 财贸研究，2010（2）：70-75.

［126］拓志超. 城乡基本公共服务非均等化原因探析［J］. 经济论坛，2011（11）：180-183.

［127］巫建国. 公共财政学［M］. 北京：经济科学出版社，2009.

［128］王晔. 财政分权视角下农村公共产品有效供给研究［D］. 北京：中国农业大学，2015.

［129］王守义. 财政转移支付对县级政府基本公共服务供给效率影响研究［D］. 昆明：云南大学，2016.

［130］王君，樊治平. 组织知识管理绩效的一种综合评价方法［J］. 管理工程学报，2004，18（2）：44-48.

［131］王磊. 我国政府间转移支付制度对公共服务均等化的影响［J］. 经济体制改革，2006（1）：21-26.

［132］王谦，李锦红. 政府部门公众满意度评价的一种有效实现途径［J］. 中国行政管理，2006（1）：33-35.

［133］王晓玲. 我国省区基本公共服务水平及其区域差距分析［J］. 中南财经政法大学学报，2013（3）：23-29.

［134］吴建南，庄秋爽. 测量公众心中的绩效：顾客满意度指数在公共部门的分析应用［J］. 管理评论，2005，17（5）：53-57.

［135］武力超，林子辰，关悦. 我国地区公共服务均等化的测度及影响因素研究［J］. 数量经济技术经济研究，2014，31（8）：72-86.

［136］王守坤. 空间计量模型中权重矩阵的类型与选择［J］.

经济数学, 2013, 30 (3): 57 - 63.

[137] 王蓉. 教育水平的差距与公共教育资源分配的不平等 [J]. 北大教育经究, 2004 (9): 34 - 38.

[138] 王国华, 李克强. 农村公共产品供给与农民收入问题研究 [J]. 财政研究, 2003 (1): 46 - 49.

[139] 王波. 城乡基本公共服务均等化的空间经济分析 [D]. 北京: 首都经济贸易大学, 2016: 19.

[140] 吴节. 新型城镇化进程中红河州基本公共服务均等化研究 [J]. 云南农业大学学报 (社会科学版), 2015 (5): 8 - 12.

[141] 魏汝丽. 推进城乡基本公共服务均等化研究 [D]. 长春: 长春工业大学, 2017: 24.

[142] 王岳含. 财政分权体制下的城乡基本公共服务均等化研究 [M]. 北京: 中国经济出版社, 2016: 85.

[143] 王敏, 曹润林. 城镇化对我国城乡居民财产性收入差距影响的实证研究 [J]. 宏观经济研究, 2015 (3): 76 - 84.

[144] 吴先华. 城镇化、市民化与城乡收入差距关系的实证研究——基于山东省时间序列数据及面板数据的实证分析 [J]. 地理科学, 2010 (1): 68 - 73.

[145] 王春枝, 吴新娣. 中国公共卫生服务水平区域差距分析 [J]. 未来与发展, 2010, 33 (8): 29 - 34, 17.

[146] 项继权. 基本公共服务均等化: 政策目标与制度保障 [J]. 华中师范大学学报 (人文社会科学版), 2008, 47 (1): 2 - 9.

[147] 项继权, 袁方成. 我国基本公共服务均等化的财政投入与需求分析 [J]. 公共行政评论, 2008 (3): 89 - 123.

[148] 谢芬, 肖育才. 财政分权、地方政府行为与基本公共

服务均等化［J］.财政研究，2013（11）：2 - 6.

［149］徐友浩，吴延兵.顾客满意度在政府绩效评估中的运用［J］.天津大学学报（社会科学版），2004（4）：325 - 328.

［150］续竞秦，杨永恒.地方政府基本公共服务供给效率及其影响因素实证分析——基于修正的 DEA 两步法［J］.财贸研究，2011（6）：89 - 96.

［151］薛澜，彭宗超，张强.公共管理与中国发展——公共管理学科发展的回顾与前瞻［J］.管理世界，2002（2）：43 - 56，153.

［152］解垩.公共转移支付对再分配及贫困的影响研究［J］.经济研究，2017，52（9）：103 - 116.

［153］解垩.中国居民慢性病的经济影响［J］.世界经济文汇，2011（3）：74 - 86.

［154］肖建华，李雅丽.财政转移支付对我国农村家庭的减贫效应［J］.中南财经政法大学学报，2021（1）：58 - 66.

［155］肖建华，李雅丽.地方基本公共服务均等化的时空分异与空间效应研究［J］.财政科学，2019（11）：126 - 138.

［156］孔薇.中国基本公共服务供给区域差异研究［D］.长春：吉林大学，2019.

［157］Arnott R. J. , M. Gersovitz. Social Welfare Underpinnings of Urban Bias and Unemployment［J］. Economic Journal，1986（96）：413 - 424.

［158］Aschauer D. A. Is Public Expenditure Productive?［J］. Journal of Monetary Economics，1989，23（1）：177 - 200.

［159］Andrews，Rhys，And Tom Entwistle. Does Cross-Sectoral

Partnership Deliver? An Empirical Exploration of Public Service Effectiveness, Efficiency, And Equity [J]. Journal of Public Administration Research and Theory, 2010, 20 (3): 679 – 701.

[160] Axelsson, Karin, Ulf Melin, And Ida Lindgren. Public E-Services For Agency Efficiency and Citizen Benefit-Findings From A Stakeholder Centered Analysis [J]. Government Information Quarterly, 2013, 30 (1): 10 – 22.

[161] Anselmo Stelzera, Frank Englertb, Stephan H Roldc, Ect. Improving Service Quality in Public Transportation Systems Using Automated Customer Feedback [J]. Transportation Research Part E, 2016 (89): 259 – 271.

[162] A. B. Atkinson, L. R. and T. S. Income Distribution in Oecd Countries: Evidence From the Luxembourg Income Study [D]. Lis Working Papers, 1994.

[163] Arze Del Granado F, Martinez-Vazquez J, Mcnab R. Fiscal Decentralization and the Functional Composition of Public Expenditures [R]. International Center For Public Policy, Andrew Young School of Policy Studies, Georgia State University, 2005.

[164] Aschauer D. A. Is Public Expenditure Productive? [J]. Journal of Monetary Economics, 1989, 23 (2): 177 – 200.

[165] Athanassopoulos A. D, Triantis K. P. Assessing Aggregate Cost Efficiency and the Related Policy Implications For Greek Local Municipalities [J]. Infor: Information Systems and Operational Research, 1998, 36 (3): 66 – 83.

[166] Barro, R. Economic Growth in A Cross Section of Countries

[J]. Journal of Political Economy, 1991 (2): 407 - 443.

[167] Balaguer Coll Mt, Prior Jiménez D. Efficiency and Quality in Local Government Management: The Case of Spanish Local Authorities [J]. Documents de Treball, 2002 (2).

[168] Barankay I. , Lockwood B. Decentralization and the Productive Efficiency of Government: Evidence From Swiss Cantons [J]. Journal of Public Economics, 2007, 91 (5): 1197 - 1218.

[169] Bargain, O. , Immervoll, H. and Viitamäki, H. No Claim, No Pain. Measuring the Non-Take-Up of Social Assistance Using Register Data' [J]. Journal of Economic Inequality, 2012, 10 (3): 375 - 395.

[170] Bian Y. Work and Inequality in Urban China [M]. Work and Inequality in Urban China. State University of New York Press, 1995: 362.

[171] Bienen, Henry, Herbst, et al. The Relationship Between Political and Economic Reform in Africa [J]. Comparative Politics, 1996, 29 (1): 23 - 40.

[172] Boyne G. A. Sources of Public Service Improvement: A Critical Review and Research Agenda [J]. Journal of Public Administration Research and Theory, 2003, 13 (3): 367 - 394.

[173] Breton A. Competitive Governments: An Economic Theory of Politics and Public Finance [M]. Cambridge University Press, 1998.

[174] Bronfman, J. Measuring Vulnerability To Poverty in Chile Using the National Socio Economic Characterization Panel Survey For 1996, 2001, 2006 [D]. Mpra Working Paper, 2014.

[175] Buchanan J. M., Goetz C. J. Efficiency Limits of Fiscal Mobility: An Assessment of the Tie ~ Bout Model [J]. Journal of Public Economics, 1972, 1 (1): 25 – 43.

[176] Buchanan J. M. An Economic Theory of Clubs [J]. Economica, 1965, 32 (125): 1 – 14.

[177] Buchanan J. M. Federalism and Fiscal Equity [J]. The American Economic Review, 1950, 40 (4): 583 – 599.

[178] Burgat P., Jeanrenaud C. Technical Efficiency and Institutional Variables [J]. Swiss Journal of Economics and Statistics, 1994, 130 (4): 709 – 717.

[179] Blanchard, O. and A. Shleifer. Federalism With and Without Political Centralization: China Versus Russia [D]. Working Paper, 2000.

[180] Chang Y. -T., H. -S. Park, J. -B. Jeong, J. -W. L. Evaluating Economic and Environmental Efficiency of Global Airlines: A Sbm-Dea Approach [J]. Transp Res. Part D: Transp Environ., 2014, (27): 46 – 50.

[181] Carvalho, A., Mimoso, Ana F., Mendes, Acácio N., M., Henrique A. From A Literature Review To A Framework For Environmental Process Impact Assessment Index [J]. Journal of Cleaner Production, 2014, 64: 36 – 62.

[182] Chen, L. and Jia, G. Environmental Efficiency Analysis of China's Regional Industry: A Data Envelopment Analysis (Dea) Based Approach [J]. Journal of Cleaner Production, 2017, 142: 846 – 853.

[183] Cooper, W. W., And Subhash C. Ray. A Response to

M. Stone: "How Not To Measure the Efficiency of Public Services (And How One Might)" [J]. Journal of the Royal Statistical Society. Series A: Statistics in Society, 2008, 171 (2): 445 – 448.

[184] Chatterjee S., Sakoulis G., Turnovsky S. J. Unilateral Capital Transfers, Public Investment, And Economic Growth [J]. European Economic Review, 2003, 47 (6): 1077 – 1103.

[185] Chen, S. et al. Escaping From Poverty Trap: A Choice Between Government Transfer Payments and Public Services [J]. Global Health Research and Policy, 2017, 2 (1): 1 – 16.

[186] Cohen B. Urbanization in Developing Countries: Current Trends, Future Projections, And Key Challenges For Sustainability [J]. Technology in Society, 2006, 28 (1): 63 – 80.

[187] Devarajan V., Swaroop, H. Zou. The Composition of Public Expenditure and Economic Growth [J]. Journal of Monetary Economics, 1996 (37): 313 – 344.

[188] David Hume. A Treatise of Human Nature [M]. Penguin UK, 1973.

[189] Dabalen, A., Kilic, T. and Wane, W. Social Transfers, Labor Supply and Poverty Reduction: the Case of Albania [D]. Policy Research Working Paper, 2008.

[190] De Borger B, Kerstens K. Cost Efficiency of Belgian Local Governments: A Comparative Analysis of Fdh, Dea, and Econometric Approaches [J]. Regional Science and Urban Economics, 1996, 26 (2): 145 – 170.

[191] Diiulio Jj, Garveyg, Kettl Df. Improving Government Per-

formance: An Owners Manual [M]. Brookings Institution Press, 2001.

[192] Dimova, R. and Wolff, F. C. Are Private Transfers Poverty and Inequality Reducing? Household Level Evidence From Bulgaria [J]. Journal of Comparative Economics. Elsevier Inc. , 2008, 36 (4): 584 – 598.

[193] Dunleavy P, Hood C. From Old Public Administration To New Public Management [J]. Public Money & Management, 1994, 14 (3): 9 – 16.

[194] E. Ferlie, L. Ashburner, L. Fitzgerald. The New Public Management in Acrtion [M]. Oxford University Press, 1996.

[195] Färe, R. and Grosskopf, S. Modeling Undesirable Factors in Efficiency Evaluation: Comment [J]. European Journal of Operational Research, 2004, 157 (1): 242 – 245.

[196] Faguet J P. Does Decentralization Increase Responsiveness To Local Needs? Evidence From Bolivia [J]. Ssrn Electronic Journal, 2001.

[197] Fornell C, Johnson M D, Anderson E W, et al. The American Customer Satisfaction Index: Nature, Purpose, And Findings [J]. The Journal of Marketing, 1996: 7 – 18.

[198] Guo X. , Zhu L. , Fan Y. , Xie B. Evaluation of Potential Reductions in Carbon Emissions in Chinese Provinces Based on Environmental Dea [J]. Energy Policy, 2011, 39: 2352 – 2360.

[199] Gordon, R. An Optimal Tax Approach To Fiscal Federalism [J]. Quarterly Journal of Economics, 1983 (97): 567 – 586.

［200］Gumah, Bernard, And Maxwell A. Aziabah. Our Lives Are Affected By Government Agencies: Citizens' Perception Survey as A Measure of Public Service Efficiency in Ghana ［J］. Sage Open, 2020, 10（2）.

［201］Ghosh S, Roy U. Optimal Growth With Public Capital and Public Services ［J］. Economics of Planning, 2002, 35（3）: 271 - 292.

［202］Grosh, M. et al. Targeting of Transfers in Developing Countries: Review of Experience and Lessons ［D］. Working Paper, 2003.

［203］Grossman P. J. , Mavros P. , Wassmer R W. Public Sector Technical Inefficiency in Large Us Cities ［J］. Journal of Urban Economics, 1999, 46（2）: 278 - 299.

［204］Guess G. M. , Adjusting Fiscal Decentralization Programs To Improve Service Results in Bulgaria and Romania ［J］. Public Administration Review, 2007, 67（4）: 731 - 744.

［205］Gupta S. , Verhoeven M. the Efficiency of Government Expenditure: Experiences From Africa ［J］. Journal of Policy Modeling, 2001, 23（4）: 433 - 467.

［206］Gustafsson B. , Li S. , Sicular T. Inequality and Public Policy in China ［M］. Cambridge University Press, 2008.

［207］Hawkins, T. R. , Singh, B. , Majeau-Bettez, G. , S. , Anders Hammer. Comparative Environmental Life Cycle Assessment of Conventional and Electric Vehicles' ［J］. Journal of Industrial Ecology, 2012, 17（1）: 53 - 64.

［208］Hashimoto, Keiji, And Julia A. Heath. Income Elasticities of Educational Expenditure By Income Class: the Case of Japanese Households [J]. Economics of Education Review, 1995, 14 (1): 63–71.

[209] H. Hotelling. The General Welfare in Relation Toproblems of Taxation and of Railway and Utility Rates [J]. The Econometric Society, 1938, 6 (3): 242–269.

[210] Habibi N, Huang C, Miranda D, et al. Decentralization in Argentina [J]. Journal of Human Development, 2003, 4 (1).

[211] Hoffman B. D., Gibson C. Fiscal Governance and Public Services: Evidence From Tanzania and Zambia [J]. San Diego: Department of Political Science, University of California, San Diego, 2005.

[212] Hood C. A Public Management for all Seasons? [J]. Public Administration, 1991, 69 (1): 3–19.

[213] Hashimoto, Keiji, and Julia A. Heath Income Elasticities of Educational Expenditure by Income Class: the Case of Japanese Households [J]. Economics of Education Review, 1995, 14 (1): 63–71.

[214] Hall, Robert E., and Dale Jorgenson. Tax Policy and Investment Behavior [J]. American Economic Review, 1967: 57.

[215] Hurwitz, Leon. Democratic Political Stability: Some Traditional Hypotheses Reexamined [J]. Comparative Political Studies, 1972 (44): 476–90.

[216] Inman, R. P. and D. L. Rubinfeld. Designing Tax Policy in Federalist Economies: An Overview [J]. Journal of Public Economics, 1996 (60): 307–334.

[217] J. Fei and G. Ranis. Development of the Labor Surplus Economy [J]. Modern Economy, 1964 (5).

[218] James M. Buehanan. An Economic Theory of Clubs [M]. Economies, 1965: 1 – 14.

[219] Jacobs R., Goddard M. How do Performance Indicators Add Up? An Examination of Composite Indicators in Public Services [J]. Public Money and Management, 2007, 27 (2): 103 – 110.

[220] Jeon B. M., Sickles R. C. the Role of Environmental Factors in Growth Accounting [J]. Journal of Applied Econometrics, 2004, 19 (5): 567 – 591.

[221] Jha, R., Dang, T. and Tashrifov. Economic Vulnerability and Poverty in Tajikistan [J]. Economic Change and Restructuring, 2010, 43 (2): 95 – 112.

[222] Jung, H. S. and Thorbecke, E. the Impact of Public Education Expenditure on Human Capital, Growth, And Poverty in Tanzania and Zambia: A General Equilibrium Approach [J]. Journal of Policy Modeling, 2003, 25 (8): 701 – 725.

[223] Kortelainen, M. Dynamic Environmental Performance Analysis: A Malmquist Index Approach [J]. Ecological Economics, 2008, 64 (4): 701 – 715.

[224] Keynes, J. M. the General Theory of Employment, Interest and Money [M]. London: Macmillan Publishing Co, 1936.

[225] Kirkpatrick, Ian, Andrew J. Sturdy, et al. The Impact of Management Consultants on Public Service Efficiency [J]. Policy and Politics, 2019, 47 (1): 77 – 95.

[226] Keen M., Marchand M., Fiscal Competition and the Pattern of Public Spending [J]. Journal of Public Economics, 1997, 66

（1）: 33 – 53.

［227］Kim A. Decentralization and the Provision of Public Services: Framework and Implementation ［D］. Policy Research Working Paper, 2008.

［228］Kim S. , Vandenabeele W. A Strategy For Building Public Service Motivation Research Internationally ［J］. Public Administration Review, 2010, 70 （5）: 701 – 709.

［229］Kumar S. Environmentally Sensitive Productivity Growth: A Global Analysis Using Malmquist-Luenberger Index ［J］. Ecological Economics, 2006, 56 （2）: 280 – 293.

［230］Lozano, S. , Iribarren, Diego, Moreira, M. T. , Feijoo, G. Environmental Impact Efficiency in Mussel Cultivation ［J］. Resources, Conservation and Recycling, 2010, 54 （12）: 1269 – 1277.

［231］Lewis, W. A. , Economic Development with Unlimited Supplies of Labour ［J］. the Manchester School, 1954 （2）: 139 – 191.

［232］Landau D. Government Expenditure and Economic Growth: A Cross Country Study ［J］. Southern Economic Journal, 1983: 783 – 792.

［233］Landau M. Redundancy, Rationality and the Problem of Duplication and Overlap ［J］. Public Administration Review, 1969, 29 （4）: 346 – 358.

［234］Li H. , Zhou La. Political Turnover and Economic Performance: the Incentive Role of Personnel Control in China ［J］. Journal of Public Economics, 2005, 89 （9）: 1743 – 1762.

［235］Lindahl E. Just Taxtion-A Positive Solution ［M］. Classics in the Theory of Public Finance. Palgrave Macmillan UK, 1958.